著者（左から二人目）と息子のがっちゃん（著者の右隣）と放課後等デイサービスの子どもたち。二つ目の教室「エジソン放課後」にて。

# 療育《りょういく》なんかいらない!

発達障害キッズの子育ては、周りがあわせたほうがうまくいく

発達障害の子の
放課後等デイサービス
「アイム」代表
佐藤典雅

小学館

# はじめに

この日、私はいつものように、教室のテーブルに座って親子面談を行っていた。ここは私が運営している、神奈川県川崎市にある発達障害の子どもたちのための、放課後等デイサービス（以下、放課後デイ）「アインシュタイン放課後」の教室である。放課後デイとは、発達障害の子どもを預かる学童保育みたいなものである。今回もご多分にもれず、保護者から質問が出た。

「そちらでは、どんな療育《りょういく》プログラムをなさっていますか？」

発達障害とは関わりのない方のために説明をすると、「療育」とは、自閉症を含む発達障害の症状を改善すると思われている「訓練プログラム」のことである。「わが子の自閉症を治したい」と思っている保護者は、当然この療育プログラムに熱心になる。

不思議なことに、療育プログラムに熱心なお母さんほど、なぜか「おたくの療育はどうなのよ!?」と勝ち誇ったような口調で聞いてくる。まるで「うちはベンツ買いにきましたけど、アンタいい在庫揃《そろ》えているんでしょうね！」といった感じ。そんな保護者の顔を見ながら、私は心の中で「これは何かの勝負なのだろうか？　ちゃんと答えないといけないのか？」と思いつつこう答える。

「うちでは療育をやっていません」

「え………」

ご多分にもれず、保護者は鳩が豆鉄砲を喰《く》らったような顔になる。

「信じられない！　この人今、何もやっていないっていった？」という表情をする。それもそうだろうと思う。なぜなら、発達障害の子どもを預かる施設では、療育＝常識だからである。自閉症の業界でも、「療育」とは神聖な言葉であり、「療育プログラムを受ければ、自閉症による問題行動が治るはずだ」と信じられている。親の気持ちとしては、「自分の子どもの発達障害をなんとかしたい」と思うのも当然。そんなわけで、同業他社の放課後デイの大半は、療育をウリにして子どもを集めているという現状がある。

とくに子どもが小さければ小さいほど、親は療育を求める。そんな状況の中で、あえて療育をウリにしない放課後デイは非常識であり、無謀ともいえる。ビジネス優先で考えるなら、療育を謳《うた》って集客をかけた方が確実だ。

　そしてまた別の日も、療育を求める親子が面談にやってきた。中学生のお子さんをもつ、療育に熱心そうなお母さんが子どもと一緒に訪れた。私は毎月大勢《おおぜい》のお母さん方と面談をするが、このお母さんもとても心配そうにこう切り出してきた。

「そちらでは療育をやっていないそうなので、通わせるのがとても心配です」

　そこで私はお母さんに聞いてみた。

「これまで本当に、療育はお子さんの自閉症を改善してきたんですか？」

「もちろんです。療育のおかげで、うちの子どもはよくなっています」

　保護者がよくいう、この「よくなった」を真に受けてはいけない。マルチ商法でよくある「私はこのサプリを飲んで癌《がん》が治った」とか、「この浄水器でアレルギーが治った」などの主張に近いものがある。治ったと主張する人はいるのだが、確実な再現性はない言葉なので、まるでオバケか、ＳＴＡＰ細胞の議論に近いと思っている。「療育で自分の子どもが治った」と主張する親の言葉もそれに近いものがある。

「ではお母さんにお聞きしますが、本当に療育でお子さんの行動が改善されたのであれば、なぜ中学生になった今に至るまで、療育を続けているのですか？　本当に効果があったのであれば、もう療育は用ずみで、必要なくなっているはずですよね？」

「え⁉」

そこでお母さんの顔が固まり、長い沈黙が流れた。

「なんだか今日は、頭を金槌《かなづち》で殴られたような感じです。今までそんなこと、考えたこともなかったです」と、唖然《あぜん》とした表情でいった。

この親子はそのあとうちの教室に通ってくれている。

私の息子・がっちゃん（２０１６年現在中３）は自閉症である。わが家は息子の自閉症対策のためにロスアンゼルスに引っ越した。そして日本より20年進んでいるといわれている療育プログラムを９年間受けてきた。

現在、私は株式会社アイムの代表として、川崎市で放課後デイを運営している。アイムの放課後デイでは、発達障害の子どもを全般的に受け入れている。この中には自閉症、ＡＤＨＤ、学習障害、他にもダウン症といったカテゴリーの子どもたちが含まれる。本書では、テーマの焦点を絞るために自閉症というテーマをメインに扱っていくが、療育をはじめ、福祉に関する幅広い話に対しては、自閉症ではない発達障害の子どもも含まれると考えていただいてさしつかえない。

本書では、冒頭にあるような保護者、関係者とのやりとりが書かれている。とはいっても個人情報の兼ね合いもあるので、実際にあった会話や家庭状況が特定されないように話を加工しておくのでお断りしておく。ただし話の本質が伝わるように、頻繁《ひんぱん》に出てくるいくつかのエピソードと一般的な状況を織り混ぜて、よくありがちな話にしてある。また、子どもの家族関係の名前は仮名としてあることを付け加えておく。

この本を通じて自閉症に対する認知と理解が広がり、教室の子どもたちにとって住みやすい社会が将来くることが著者の望むところである。

そのためにも私は、いいたいことを利害関係問わず、ストレートに書いたつもりである。ただしこれは限られた知識と経験しかない私個人の一意見にしかすぎない、ということを念頭においていただきたい。

もくじ

# 第3章

第1章

# 「子育ての常識」は、すべて疑ってみる

## 「不憫《ふびん》な子ども」なんていない！

現在私は川崎市に住んでおり、株式会社アイムの代表を務めている。アイムでは、川崎市の宮前区と高津区に、二つの放課後デイを運営している。宮前平にある「アインシュタイン放課後」と、高津にある「エジソン放課後」だ。

放課後デイとは、自閉症を含めた様々な発達障害を抱えている子どもたちを預かる、学童保育のような施設である。放課後デイは、行政から指定を受けている福祉施設にあたる（このサービスは、障害をもっている子どもであれば自費1割負担で利用することができる。残りの9割は国民保険から支給されるため、介護保険の子ども版のようなものだと思ってもらえばよい）。

放課後デイを始めようと思ったきっかけは、自分の息子のニーズを考えての話だ。私の息子、通称がっちゃんは重度の自閉症である。がっちゃんのことについては、追ってくわしくお話ししていく。

アイムの放課後デイには、たくさんの保護者がお子さんと一緒に面談にやってくる。だからこそ、私なりに本書をお読みのみなさんに、伝えたいことがたくさんあるのだ。最初に、「わが子は自閉症で気の毒だ。可哀相《かわいそう》だ」と思っている親御さんに伝えたいことがある。**自閉症の子は、自分のことを可哀相だなんて、1ミリも思ってはいませんよ！**　百歩譲って、もしその子が「自分は可哀相だ」と思っているとしたら、そんなことはないと親が教えるべきだと思う。

そもそも子どもは、「自分は生まれつき自閉症だから不憫だ」なんて考えていやしません。だって生まれた時から、自閉症としての感覚が普通だからだ。周囲が「この子は不憫だ」といい続けるから、自分を不憫だと思うようになってしまうのだろう。誰だってまわりから常に「君は可哀相だ」といわれたら、後天的に不幸を学習してしまうに違いない。

考えてもみてほしい。親御さんだって、自分が生まれつき不憫だとは思っていないはずでしょう。それなのにいつもまわりから、「あなたが不憫だ」といわれ続けたら、「何がさ！」と怒りたくなるのでは？　もし仮に、本当に自分のことを常に可哀相だと思っている人がいるのであれば、それは単純に不幸ですね、としかいいようがない。

もっとも「不憫でないこと」と「大変でないこと」は、決してイコールではない。自閉症の子育ては、かなり大変である。しかし大変だからといって、不幸なわけではない。スポーツ選手だって、歌手だって、自分の練習が大変だから自分が不幸だとは思わないはずだ。

## 「いちばんの差別」は、身内から

さてここで覚えておいてほしいのは、障害における差別は、いちばん距離の近い人から始まりやすい、ということ。**例えば親が、「自閉症は可哀相だ」といっている時点で、実は親自身が自閉症を差別している可能性が高い。**私は思うのだが、不憫な子どもなんて、世の中にはいない。いるのは、「この子は不憫」と勝手に決めつける大人たちだけである。

気をつけないと、そんな人が福祉業界にも多くいるようだ。福祉で働いている人の中には、「可哀相な障害者のために、福祉の仕事をやっている」と思っている人が案外多いのではないだろうか。この「やってあげている」感は、非常に鼻につく。そういうタイプの人は、対象者に過剰に介入し、世話を焼こうとする。

何よりも「(障害者を)自分より弱者だ」と考え、そういう人の役に立つことで、自己肯定感を満たしている人が多いと思う。だから私は、「福祉って、コンプレックス産業ではないの?」と思う時がよくある。良いとか悪いとかいっているのでなく、単純に、「自閉症という障害をもつ子どもを下に見ているとしたら問題だ」といっているのだ。すべての人は、対等な関係であるべきである。大人であれ、子どもであれ、健常であれ、障害であれ、である。

親が子どもの障害に関してずっと悲しみ続け、泣き続ける。自閉症関連の子育て本でも、よくありがちなシチュエーション。でもこれって、「子どもに対してとっても失礼な行為では?」と私は思う。もしあなたの親があなたに関して、「なんて可哀相な子」と毎晩泣き続けていたらどう思うだろうか? 「そんなに可哀相じゃないし! 勝手に同情するのもいいかげんにしろ!」といいたくなるだろう。

で、思うわけである。「わが子の障害に偏見をもってほしくない」と強く思っている親ほど、自分たちの子どもを差別している。自分の子どもは障害があるから、外から偏見の目にさらされないように隠しておきたい。そう思っている時点で、すでにわが子に対して偏見をもっている。だって自慢の子どもなら、堂々と表に出せるはずだからだ。

## 「身内が障害を受け入れてくれない」

「うちの子が障害をもっていることを、身内が受け入れてくれなくて……」

保護者からのこの発言には、毎回驚く。私から見ると、「発達障害を受け入れられない」＝「ゲイを受け入れられない」に等しい。今どき、そんな時代錯誤の人がまだいるの？　少なくとも私のまわりにはいない。でも保護者と話していると、このことで悩んでいる人が多いので、本当にそんな人がいるんだと改めて驚くのだ。

ここであえて、まわりの反応を気にしている保護者に問いたい。**本当に、あなたが思うほどにお子さんは、まわりの人から何かネガティブなことを思われているのだろう**

**か？**　子どもの障害のことで、知人は悪くいっているのだろうか？

不安がる保護者は、常に親族、学校の先生、まわりの保護者から、「どう思われているか」を心配している。これには昔ながらのムラ社会のような共同体意識が影響していると思う。ご存じのように、アメリカは色々な人種が移民してきてでき上がった「ごった煮の国」である。だから一人ひとりが違うのは当たり前、というのが大前提である。しかし日本は「みんなが一緒」というのがベースにある。

そのため日本人は「みんなが共同体」の中にあるので、集団に属していないと不安になる。そのことが、多数派である「普通」「人並み」という集団からは外れたくない、という脅迫観念を生み出す。それゆえにまわりから何かいわれることを、常に恐れている。だから日本の障害者の親には、ネガティブな閉塞感《へいそくかん》がある。

わが家は息子がっちゃんが4～12歳まで、ロスアンゼルスで暮らしていた。9年間ロスで暮らし、日本に引っ越してきて最初に感じたのは、「特別支援学級（以下、支援学級）にはダサい親が多い」ということである。何を遠慮してか、ファッションも地味だし、何よりも華がない。そこにいくとアメリカの支援学級にやってくる保護者はみな、堂々としていてかっこよかった。何よりも自信に満ちたいでたちなのである。

**親御さんたちにまず申し上げたいのは、「まわりの人は、あなたが思うほど気にしていない」ということ。**もし本当に障害の子どもを悪くいう人がいるのだとすれば、そんな低レベルな人とは付き合わなくてもいいだろう。しかも、そんな人からの非難なんて、気にとめるに値しない。ここはまず、親自身がどういう人と付き合いたいのかをはっきりさせればいい話だ。

障害に対する偏見は、赤の他人よりもむしろ、身内からくる方が大変である。「うちの親が、孫の発達障害を受け入れられなくて……」は、よくある話だ。それと「うちの夫が障害を受け入れておらず」発言も時々出てくる。その中で、私がいちばん驚いたのは、自分の親が発達障害の子どものための仕事をしているという人の話。それなのにその福祉関係にいる祖母自身が、「まさか自分の孫が発達障害だなんて！」といって受け入れてくれないらしい。私の意見からすると、そんな時代遅れの身内なんて、もう捨ててしまえばいい。**自分の子どもと、頑固で視野の狭い親族、どっちが大切なの？**　結局は親のスタンスがブレまくっているのである。

# 自閉症は、親にとってもっとも受け入れがたい障害？

自閉症を含めた発達障害の子どもをもつ家族は、主に二つの傾向に分かれる。子どものハンディを受け入れて明るく過ごしている家族と、子どもの障害を受け入れることができず、悩み続ける暗い家族。療育に過剰に熱心な家族は、常に切羽詰《せっぱ》まっているので後者の部類に入るといえるだろう。

保護者の不安は、子どもの年齢が低いほど大きく、就学前の子どもの親ほど、その「切羽詰まった感」は大きくなる。なぜなら障害そのものが抽象的でわかりにくいからだ。まるで暗闇の中で、目に見えない煙と戦っているようなものだ。

**発達障害の親が大きな不安をもちやすい理由**

**①身体的に障害が見えないため、障害を受け入れることができない**
**②小学校低学年までは子どもの学習・知的レベルがわかりにくい**
**③将来の見通しがつかないため、漠然とした不安しかもてない**

親が子どもの発達障害をなかなか受け入れることができずに焦るのには、もっともな理由がある。

発達障害の子どもは、外見上は普通の子どもに見えるからである。例えばダウン症であれば、生まれた瞬間にその子はダウン症だとわかる。身体的な不自由であれば、それもすぐに障害だとわかる。しかし自閉症の子どもの場合、障害が身体的な特徴となって現れない。

そのため、親であれば「もしかしたら障害じゃないかも」とか「ちょっと頑張れば治るのでは」と思いたくなってしまう。

うちの家族もがっちゃんが小さい時に同じように思った。そのため療育が進んでいるアメリカに引っ越し、療育を受ければ治るものだと思っていた。しかしがっちゃんが小学校高学年になってから、「あれ、これって治す・治さないの議論ではないんじゃないの?」と気づいたわけである。

発達障害の子をもつ親が切羽詰まってしまうもっともな理由はもう一つある。それは子どもの知的・学習レベルが就学前ではわかりにくいところにある。未就学児の場合はとくに、読み書きや算数を本格的にやっていないため、わが子と他の子どもの学習レベルの差が明確にわからないのだ。

そのため親の方としては、「就学前までに頑張れば、なんとか普通学級に入れる！」と考えてしまう。しかし子どもが小学校3年生になる頃には授業のアカデミックレベル（読み書き・計算能力）が上がるために、その子の学習的な障害がはっきりと浮き彫りになってくる。その時点で親は、本格的にわが子の障害を受け入れることになる。実際問題、たいていの親は子どもが高学年になると「そんなものか」と割り切れるようになり、障害を受け入れるようになる。

逆にいうと、もしこのタイミングでわが子の障害を受け入れることができなければ、残りの人生は親と子ども、双方にとって地獄となる。親は悩み続けてストレスのかかる療育プログラムを強要し続け、子どもは窮屈《きゅうくつ》な生活環境に縛られてしまう。

# iPad《アイパッド》で自閉症になる？

「子どもにiPadをもたせたら、自閉症になるの？」と、子どもをもつ友だちから聞かれて驚いた。

「誰がそんなこといったの？」

「テレビで専門家がいっていたの。子どもが小さい頃からiPadとかiPhone《アイフォーン》とかを与えると、自閉症になるって」

それを聞いて、（いったいなんの専門家だ？）と思った。子どもがIT機器を触ったら自閉症になるというのは、保護者の間で真《まこと》しやかに流れている都市伝説である。だから私は彼女に答えた。

「それは関係ないと思うよ。だってうちのがっちゃんは、iPadを触る前から自閉症だよ」

この奇妙な説を信じている保護者が、うちの教室の見学面談によくやってくる。

「うちの子どもには、1日30分しかiPadを触らせません」と鼻高々に語るお母さんが何人いたことだろうか。だから私はこう答えている。

「ビル・ゲイツやスティーブ・ジョブズが子どもの時、親が〝ゲームは1日30分のルール〟を課していたら、多分マイクロソフトもアップルも今頃存在しないですよ」

私にいわせれば**IT機器を触るから自閉症になるのではなく、自閉症だからIT機器が好きなだけ**である。もし電子機器が本当に自閉症の原因であるならば、iPadやコンピューターが出る前に生まれた自閉症児は、なぜ自閉症になったのだろうか？

「だいたいお母さん。お子さんはパソコンをやっていない代わりに、その時間で何か建設的なことをやっているんですか？　公文《くもん》とか読書とか」

「……」

「ですよね。パソコンやっていなければ、どうせテレビを見ているかゴロゴロしているかじゃないですか。だったら好きなパソコンをやらせても問題はないと思いますが」

パソコンを使わせないといっている親に限って、いまだにガラケーや携帯メアドを使っていることがあるから驚きだ。むしろ親よりも何も教わっていない自閉症の子どもの方が、ＩＴ機器を使いこなしている。それなのに親は、Ｇメールのアカウント作成方法すら知らない。こっちの方がよほど危機的状態であることを、ＩＴオンチの親は認識していない。

どの時代にも常に、新しいものに対するアレルギーはあるものだ。私が小学生の時に、世の中に初めてデジタル時計なるものが出てきた。私はそれがとってもほしかったのだが、教育熱心なおばあちゃんは買ってくれなかった。理由は「針がついていないからバカになる」であった。

私の世代は、当時黄金期であったマンガを読むこと自体、〝教育ママ〟から批判された。メディアではよく、「大人がマンガを読むなんて恥ずかしいことだ」という意見が出ていた。今でいえば、「いい大人がスマホで〝ポケモンＧＯ〟をやっているなんて恥だ」という一方的な意見と変わりない。

面白いもので、「マンガは1日30分、読みすぎるとバカになる」と、今のパソコンと同じ扱いでいわれたものだ。私の友だちなんかは、家ではマンガそのものが禁止であった。そして教育ママがいるわが家でも同じく、マンガに対する規制が厳しかった。

でも大人になってわかるのだが、マンガを読みすぎてバカになったやつなんていないわけだ。もしいるとしたらそいつは最初からバカだったわけで、マンガを読んでいなくてもそうなっていたはずだ。

さすがに今の若い親の世代は自身がマンガで育っているので、「マンガの読みすぎはよくない」と力説するお母さんはいない。でもパソコンとiPadの使いすぎはバカになると考えている親はいる。よくよく考えてみれば、昔は「ビートルズを聞くと不良になる」とか、「エレキギターは電流が通っているから病気になる」とかいわれていた。

どの時代も、大人たちは新しいものは一度は否定するのだ。

## 多動症は注意欠陥ではなく注意過剰

最近の風潮として、「多動症はよくない」といった見方をする傾向がある。うちの教室にも、自閉症でなくてもすぐにADHDというレッテルを貼られて支援学級・通級（軽度な障害をもつ子どもに指導を行うクラス）に入れられてしまう子がいる。しかし私にいわせれば頭の回転の遅い凡人が、自分より頭の回転の速い子どもに一方的にラベルを貼るのはおこがましい行為だ。

ADHDとは「注意欠陥症」という意味だ。しかしこれは定義が逆で、本当は「注意過剰症」だと思う。多動症は集中力がないのではなく、いっぺんに複数の物事に注意がいくから落ち着かないだけなのだ。逆にいうと多動症は、情報処理が速い天才肌ともいえる。実際に多動症の人から見たら、一般の人の方が意識が遅すぎるだろう。多くの人は、複数の物事に同時に意識を向けて並列に処理をすることができない。つまり**多動症ではないということは、マルチタスクができないシングルタスクの低性能のCPU**（コンピューターのチップ）だということになる。

多動症は物事に集中できないというが、本当は集中力が高い。その証拠に多動な傾向をもつ自閉症キッズは自分の好きなことには没頭することができている。彼らが多動的に落ち着かなくなるのは、つまらないことをさせられている時だ。

**多動症は短時間で集中できるので、物事を消化するのが速い。**だから結果として飽きっぽい性格になる。うちの教室の子どもたちも新しいオモチャがくると集中していじっている。しかし短時間で飽きて次に移ってしまう。

うちの教室のカゴちゃんはいつも、3つのことを同時進行で進めている。iPadで「マインクラフト」という建築のゲームをやりながら、横でゲームボーイを走らせながら、マンガを読んでいる。こんなカゴちゃんを療育担当者が見たら多分「一つに集中しなさい」と教えるだろう。でもそんなことをいうのは、いっぺんに一つの物事しか処理できない凡人の感覚でしかない。

こう考えると、療育で子どもが興味のない教材を出してきて、多動症を正そうとするのは無意味じゃないかなと思う。療育で席に座る練習をさせなくても、子どもたちが好きなテレビやiPadを見ている時は、ちゃんと席に座っている。

それとこれはとくにグレイゾーンといわれる発達障害傾向の子どもたちにいえることだが、自閉症が入っていない多動症であれば、むしろそれはメリットであると思っている。なぜなら、私の知っている経営者の多くは、多動症の傾向をもっている。もっというと、多動症でないと新規事業なんてできないと思っている。複数のことを同時に考えて、複数のことに意識を向けて、複数の物事を同時に処理しないといけないからだ。

かくなる私も子どもの時は多動症傾向で、常に学校の先生から「私語が多い」「授業に集中していない」と親子面談の時に注意をされていた。これは今でも同じで、社内会議とかで一つのことだけをやっていると、意識をもてあましてしまう。だから会議の時には、よく落書きをしたりしている（笑）。

もっとも中には、本当に物事に集中ができずに困っている多動症の人もいる。大人の多動症の人の中には「薬のおかげで集中できて助かっている」という人もいる。だから大人になった時に、当人に自覚がある上で薬を服用するのであれば、それはアリかなと思っている。ただいずれにせよ、療育で多動行為が治るとかいった議論ではない。

## 人の顔を見ないのは見なくてもいいから？

がっちゃんも他の自閉症キッズのように、人の目をちゃんと見ない。新しい人に会ってもひと目見ると、プイッと別の方向を向いてしまう。健常な人からいわせると、それは人に関心がないからだ、とかいうことになってしまう。

しかし私は逆だと思っている。彼らは見る必要がないから見ていないのだ。**自閉症キッズはフォトグラフィック・メモリーといって、視覚的記憶は細部に至るまで覚えている。**だから人のことを見ていないようでいて、実は最初の1秒で必要な情報は取得しているのかもしれない。

ある自閉症の本人が書いた本によれば、「人は見ている景色の一部でしかない」そうだ。人以外の情報量が多いため、大きな声で呼びかけてくれないと、人物に注意が向かないといっていた。視覚情報が過剰に入ってきているのは事実である。

それとは別に、がっちゃんを見ていて思うことがある。自閉症キッズは人を見なくても、その人の「気」の波動で感じ取っているのかもしれない。なぜなら動物並みの直感力で人を判断している節があるからだ。

その証拠に自閉症キッズは、人に対してはかなり敏感に反応を示す。放課後デイでも自閉症の子どもたちは、ゲストがきても挨拶《あいさつ》をすることはない。では人に関心がないのかというとそういうわけではない。しっかりと、チラッと横目で観察している感じだ。

客がおじさんだったりすると、子どもたちは顔も上げずに完全スルーだ。ところが美人なお姉さんが入ってくるとすぐに、男の子も女の子も反応する。気に入ったゲストが入ってくると、少し距離をあけながらウロウロとして注意を引こうとする。

そういう意味では自閉症キッズは、自分の興味に対してとても素直にストレートな反応を示す。興味のないおじさんがきたところで、空気を読んでとりあえず挨拶しておこう、とかいうことはない。「おいでよ」と声をかけると部屋の反対側に逃げてしまう。ここらへんは見ていてうちの猫と変わらないなと思う。

自閉症キッズは自分の名前を呼ばれても振り向かないし、相手の顔を見ない。また同じ年頃の子どもと手をつないで遊ぶこともない。そのせいか「自閉症児は人に対しての関心がない」とか、「人に対する共感をもつことができない」といわれている。自閉症キッズが私たちの期待する方法で言葉を使っていないということで、勝手にそのような憶測をする専門家や大人たちがいる。

しかし、うちの放課後デイにくる子どもたちを見ていると、事実は全くその反対である。彼らは人に対する関心を強くもっている。教室では自閉症キッズが会話をすることはないが、しっかりと仲間を観察している。

がっちゃんも教室では他の子と遊ぶことは一切しない。もちろん会話なんて全くない。いつも一人でウロウロしていて、時々スタッフにちょっかいを出しているくらいだ。そんながっちゃんでも家に帰ってくると、他の子どもの名前を連発する。

がっちゃんは普通の会話はできない自閉症なので、その日学校で何があったかとかは一切教えてくれない。親から見ると常に、がっちゃんの1日は謎につつまれている。でもそんな彼が他の子どもの名前を羅列《られつ》するわけだから、当然気にはなっているのだ。

一つ面白いのは、がっちゃんがあげる他の子の名前はみんな問題児ばかりだ。みんながっちゃん同様にスタッフの手を焼かせるイタズラっ子ばかりだ。がっちゃんは悪そうな顔でニヤニヤしながら、うれしそうに名前を連呼する。多分彼の頭の中では、イタズラ仲間のイタズラ場面が何度もループ再生されているのだろう。

それとがっちゃんは美人の名前しか連呼しない。いつもお気に入りのお姉さんの名前を口に出しながら、うれしそうにしている。これだって人に興味がなければできないことだ。

アイムの自閉症キッズを見ていて思うのだが、彼らほどのアテンションシーカー（かまってちゃん）はいない。すぐにスタッフの気を引こうとして、ものを投げたりして自己アピールする。彼らは自分のお気に入りスタッフをよく観察していて、自分の方に常に注意が向いているか確認する。

自閉症キッズは「感情表現が下手」といわれている。がっちゃんもカメラを向けると反射的に学習したつくり笑いをする。しかしそれは、自閉症キッズが笑えないということではない。楽しい時はちゃんと笑顔だ。自閉症キッズからすると、楽しくない時にカメラを向けられたという理由だけで笑えといわれるのだから、笑顔というポーズをサービスでしてくれているだけだ。

そんながっちゃんだって、ママのさっちゃんが泣いていれば「よしよし」となでにやってくる。本当はがっちゃんが悪さをしてさっちゃんを怒らせて泣かせたのに、がっちゃんはこういってなだめる。「がんばったねー」。

私が友だちと爆笑トークをしていると、それが楽しいのか横でケタケタ笑っている。だから自閉症キッズが人に共感できないということはない。彼らを見る限り、自閉症キッズは人に共感できないのでなく、協調性がないだけである。それだけ自由人だということになるが、決して自閉症キッズのソーシャル・スキルを見くびってはならない。

## 自閉症はきたるべき人類の進化系

私は自分の放課後デイを「川崎のＮＡＳＡ」と呼んでいる。なぜなら自閉症キッズは「宇宙人」であり、うちでは宇宙人の子どもをたくさん預かっているからだ。私は地球側の外交官として、彼らの地球滞在が充実したものとなるよう接客するのが役割である。そして彼らがどこか遠い未来で宇宙船に乗って地上に降りてきた時、うちの息子や子どもたちが出てきて「あの時はありがとう」といってくれればいいな、と妄想している。

そういうと私のまわりの友だちは「確かに面白い発想だ！」と笑ってくれる。宇宙人との友好的な研究は、オープンマインドでないとできない。いちいちなんでも深刻にとらえるのでなく、広い視野で「何があっても別に驚かない」という姿勢が大切だ。

中でも息子のがっちゃんは、かなり風変わりな宇宙人である。なんの目的でやってきたのかはわからないが、彼らの使命が効果的に果たされるようにお手伝いをしたいと思っている。私は宇宙人キッズにとって、どのような未来があるといいのかを考えている。そしてそれはどんなに間違っても、作業所で単調でつまらない反復作業を繰り返すことではないはずだと思っている。うちの教室の宇宙人キッズにとって、ワクワク感のある未来とは何か？　想像するだけでチャレンジングで面白いテーマである。

考えてもみてほしい、もし前の惑星では、テレパシーだけで会話ができていたとしたら。あるいは重たい身体を必要としない次元からきているとしたら。そして社会の仕組みが全く違って、左脳を必要としない感性だけの右脳の世界だったとしたら。

そしてその時の感覚を引きずったまま、今回地球に生まれてきたとしたら、どうなるだろうか？　おそらく、自分の身体の感触そのものを統合するのが難しいだろう。そして、慣れない物理的な器官をもったことにより、視覚から肌感覚まですべての感覚が過剰に刺激されるだろう。

がっちゃん含め、アイムの子どもたちにも「霊感」と呼ばれるシックス・センスをもっている子が多い。彼らはとても右脳的で、左脳の思考型とは正反対の直感的な世界だけに生きている。もし彼らに役割があるとしたら、それは左脳過多となった地球人の社会にバランスをとることだろう。

地球の一般人は、左脳が司る思考力が暴走した社会に暮らしているといってもいい。思考の産物である社会のルールや常識に縛られて、自分たちの直感を押しつぶしている。そして思考で自分たちの権利を生み出した結果、消費できる以上の資産をため込むことに重きをおき、さらなる多くの利権確保のために戦争を続けている。

しかし自閉症キッズは、これらとは無縁の世界の中にいる。彼らの中には「勝ち負け」の概念がない。自分が消費できる以上の資産構築を計画する思考がない。そして彼らは社会が求める常識的な行動に縛りつけられていない。直感的に人や場所を判断して、気ままに生きている。

ちょっと高尚な言い方をすれば、「普通に生きることを選んでいない魂」といえるかもしれない。**もとから既成概念の外にいる子どもたちなのだから、親の方も子どもに常識を求めるのはナンセンスである。そしてもっというと、親自身も既成概念の呪縛《じゅばく》から出る必要がある。**自閉症キッズは、もっとも大切なことを親に教えるために生まれてきたのだ。

# ある日のがっちゃん

その1
やるなら部屋の真ん中での巻

## 第２章

# 激しく燃える「療育信仰」

# そもそも「療育」で自閉症は治らない

そもそも「療育」とは何か？　身近に発達障害の子どもがいなければ、耳慣れない言葉である。そして療育の定義は、専門家によってまちまちである（ビジネス本でマーケティングの定義がまちまちなのと同様に）。専門家はたいてい、専門用語の定義を難しく書きたがる。私が定義する「自閉症の療育」をシンプルにいうならば、「自閉症児が一般社会に適応できるための訓練」である。

最初にはっきりというが、**現時点での療育は自閉症を治すものでも改善するものでもない。**単純に、その子がもつちょっと変わった自閉症的な行動を強制的に「制御しようとする試み」であると私は思う。

問題は、この「療育」という言葉が与える間違った印象である。治療という文字の「療」が入っているので、なんとなく「自閉症を治してくれるのだろう」というイメージをもってしまう。実際、英語でも「therapy《セラピー》」という言葉が使われるので、ますます

「何か治るのではないか?」と思ってしまう。

現に多くの保護者は、子どもの自閉症を治して、「普通の子にしたい」という思いで療育を求めている。そして「療育を提供している」と主張する施設や業者も、いかにも自閉症が改善されるかのような印象を含んだキャッチコピーを使っている。

わが家もそうだったのだが、専門家から「早く療育を開始しないと手遅れになってしまう!」といわれて、自動的に「早くやれば治るものなのだ」と推測してしまった。そのため、息子のがっちゃんが4歳の時にアメリカで療育を開始して、最初は期待の目で見ていたのだが、途中からアレレ? と思うようになった。

療育に関してなんの予備知識も先入観もなかったので、単純に専門家が「うちの子どもの問題行動を治してくれるもの」と思っていた。しかしそんな「開けゴマ!」みたいな魔法があろうはずもなく、その後9年間にわたり、専門家とがっちゃんのイタチごっこは続くことになった(笑)。

私は途中から、療育とは自閉症を治すものではなく、がっちゃんの性格や行動をコントロールできるものでもないと気づいた。ただ日常生活において、がっちゃんが困らないように適応していく訓練としてとらえた。

問題は、がっちゃんの場合は完全なマイペースで、その訓練にすら応じようとしなかったことだ。これにはアメリカの療育セラピストも毎回手を焼いていた。そのため途中から、私は療育プログラムの目標設定を変えることにした。おそらく、何をやったところでがっちゃんはがっちゃんである。だから彼の自閉症行動が変わることを期待するのではなく、「彼にとって適切な環境とは何か？」を考えるようになった。

## なぜ療育は「小さな子どもにしか効かない」のか？

「自閉症キッズの療育」の常識として、「早ければ早い方がよい」がある。

子どもの自閉症が発覚したら、「2歳から療育を」に始まり、「どんなに遅くても4歳までには始めないと手遅れだ」というのである。小学校から始めたのでは遅すぎで、「小学校に入る前に、普通学級に入れるように訓練しないといけない」といわれる。

**実は自閉症児を助けるといわれているこの療育自体が、多くの自閉症児をもつ家族を、**

**より追い込んでいる。**療育に効果を求めるあまり、親も子どもも、多大なストレスにさらされることになるからだ。

わが家もがっちゃんの自閉症が発覚した時に、「療育は早い方がよい」と聞いた。そこであわてて、がっちゃんが4歳の時にロスアンゼルスに引っ越したのだが、療育担当者からは、「ギリギリセーフのスタートですよ」といわれたくらいだ。

結論からいうと、その「ギリギリセーフ」であろうはずだったがっちゃんは、今に至るまで全くセーフではない（笑）。普通学級はおろか、支援学級にも適応できないバリバリの自閉症である。9年間みっちりやってきてこうなのだから、日本で限られた量と内容のプログラムしか得られない療育の効果なんて、たかが知れていると思っている。

しかし私自身も、「療育は早く始めるのが常識」と思っていたクチなので、同じように考える保護者の気持ちはとてもよくわかる。「後で後悔しないように、できるだけのことはやっておきたい」という親心から、療育の迷宮に入り込むことになる。

実際問題、多くの親は「療育信仰」に走り、多大な金額を療育に使う羽目《はめ》になる。アメリカでは州の予算があるので、無料で療育を受けられるのだが、日本では自費だ。民間施設の場合、毎月10万円から30万円くらいかかることもある。家族にとっては当然、多大な経済的ストレスと精神的ストレスがのしかかる。

私は療育を全面否定しているわけではない。ただ、お金と時間を投入しただけに見合う効果が療育プログラムにはあるのかというと、これにはかなりの疑問が残る。すると、保護者からこんな質問が出てくる。

**「うちの子の自閉症は治らないものなのですか？」**

**「自閉症は、治る・治らないの議論ではありません」（キッパリ）。**

…………シーン。

そう、自閉症は治る・治らないの議論ではないのである。別にそれが「個性」だというキレイな言葉で片づけようとも思っていない。ただ現在の医療技術において、自閉症は治らない。自閉症は病気ではなく、脳機能の問題だからだ。その前提をふまえた上で、一つ重要な疑問が出てくる。もし自閉症を治せるとしたら、それはいったい、自閉症の何を治すというのだろうか？　なぜそんなことをいうのかというと、**「自閉症を治す」ということは、その子の世界の認識の仕方まで変えるということ**だからである。

## 「スピーチセラピー」は、「ゴール」でなく「きっかけ」

例えばがっちゃんは、4歳になってもほぼ言葉を発しなかった。それまでほとんど、「ん、ん」か「あ、あ」などの言葉でコミュニケーションをとるぐらいであった。長く連れ添った犬とコミュニケーションをとるようなもので、日常生活においてはとくに弊害はなかったが、4歳になって言葉を発しないのはさすがに心配である。

そこでロスでの療育をスタートさせた頃、妻のさっちゃんが、日本語を話せるスピーチセラピストを見つけてきた。トーランスというちょっと離れたところにあったけれど、そこまで毎週がっちゃんを連れていって、1時間のセッションを受けていた。

こちらは行政とは関係なく完全な自費プログラムだったので、1時間につき60ドル(約6000円)ほどかかっていた。先生はともこ先生といって、日本人の言語療法士であった。ともこ先生はがっちゃんに発声時の唇の動かし方を教えていった。先生が唇を「ムー」とやると、がっちゃんにもそれを真似《まね》をするように指示した。そしてがっちゃんが真似をすると、シールを並べていった。シールが5つ揃《そろ》うと、甘いシリアルをひと粒、ご褒美《ほうび》にあげた。がっちゃんはそのシリアルがほしくて、ともこ先生の真似をした。

こんな感じで3ヶ月通うと、がっちゃんから言葉が出るようになった。単語しかいわないが、言葉を発声するようになったのである。そして初めて「Bacon please《ベーコン プリーズ》」（ベーコンください）というようになった。それまでがっちゃんは、言葉の発声方法がわからなかったのだろう。いずれにせよ、この時のセラピーをきっかけに、がっちゃんは言葉を出すようになる。

とはいっても、スピーチセラピーを続ければ、語彙《ごい》がどんどん増えて文章をしゃべりはじめる、というわけではない。あくまでも発声方法を覚えただけで、そのあとのコミュニケーション力は彼の成長に合わせて非常にゆっくりであった。

小さい時は言葉があまり出てこなかったがっちゃんも、今ではみんなから「がっちゃん、うるさい!!」といわれるほどずっとしゃべっている。あまりにも騒がしいので、

「言葉の出てこなかった、あの静かな頃に少し戻ってくれないかな」と思うほどであるが、がっちゃんの会話は常に一方通行である。実際に会って話すとよくわかるが、言葉のキャッチボールはしない。自分の興味のあることを早口言葉みたいに羅列する。相手が「がっちゃん、それ、なーに？」と聞く頃には、プイッと目の前からいなくなっている。

2016年現在、中学校3年生となった今でも、がっちゃんの話す文章は幼稚園児のようなシンプルな文章だ。しかも、「今日はこんなことがあったよ」といったことは何も話してくれない。ただたんに、自分が見たいビデオのタイトルを羅列したり、意味不明な歌を歌っているだけだ。言葉は発しているものの、親から見ても、日々のがっちゃんの活動は謎だらけである（笑）。

ここにきて思うのは、セラピー（療育）とは、あくまでも「きっかけ」でしかないということである。多くの保護者は療育＝ゴールだと思ってしまい、療育を長く続けることに執念をもっているように感じる。

もしスピーチセラピーを受けていなければ、果たしてがっちゃんは、ずっと話せないままでいたのだろうか？　おそらく、そんなことはないと思う。セラピーを受けていなくても、いずれどこかの時点でしゃべるようにはなっていたかもしれない。実際にがっちゃんが言葉を発するようになった時期は、学校に通い出した頃とも重なる。

ではこのセラピーをいつまでも続ければ、彼が文章をスラスラ話すようになるということだろうか？　決して、そんなことはないと思う。がっちゃんがどれだけセラピーを受けたところで、彼の文章力がより高くなることはない。なぜならがっちゃんの文章に関するキャパシティ（潜在的な可能性）は、生まれつき決まっているように思えるからだ。このキャパシティは子ども一人ひとりによって違い、セラピストが入る入らないにかかわらず、療育を受ける受けないにかかわらず、それぞれの能力が伸びる器のサイズに左右される。

**親が理解しておいた方がいいと思うのは、「療育というものは、永続的に効果を上積みできるものではない」ということ。**つまり、どれだけ療育を施したところで、その効果はその子がもっている上限値を超えることはない。

わかりやすくいうと、100メートル競走の訓練に近い。運動選手に走り方を訓練すれば、ある一定のスピードまで速くなる。しかし選手全員がオリンピックに出られるほど速くなるわけではない。個々のもっている能力の上限というものがある。

自閉症キッズがもっているアウトプット能力は、健常児の成長速度よりもはるかに遅い。よって、親がやたらと療育を積み上げたところで、子どもの成長速度と上限には限界がある。それ以上の効果を求めると、親子双方に大きなフラストレーションがたまることになる。だから**「療育はほどほどに」というのが私の自論である。**

そのような理由から、がっちゃんのスピーチセラピーは3ヶ月で打ち切ったが、最初のきっかけとして役立ったのは事実だ。セラピーは最終的なゴールとしてとらえるのでなく、スタート地点のきっかけとしてとらえた方がいいだろう。

## イルカセラピーは誰でも楽しいと思いますよ

実際、発達障害関係の情報には「療育・セラピー」という言葉が乱立している。運動療育に始まって、音楽療育、食育療法、動物セラピー、ハーブセラピー、アロマセラピー、とにかくなんでも「セラピー」という名前がつく。

うちの教室に面談にきた保護者に「イルカセラピーはどう思われますか？」と聞かれた。イルカに関しては、がっちゃんが小さい頃にもよく他の人から勧められた。イルカは人と交流ができるため、自閉症の子どもがイルカと遊ぶとセラピーになるらしい。当然「セラピー」という言葉がついているから、「自閉症が改善されるものなのでは」と思ってしまう。

「イルカセラピーは誰にでも効くし、誰にも効かないと思いますよ」と、私は答えた。

「誰にでも効くといいますと？」

「そりゃあ障害があろうがなかろうが、どんな子どももイルカと遊べば楽しいと思いますよ」

「いわれてみれば、そうですよね……」

「楽しい、という効果をセラピーと呼ぶのであれば、なんでもセラピーになりますよね。でもそれで自閉症のお子さんがスラスラしゃべるようになると思うのは、違うと思いますよ」

「じゃあ、効果がないと？」

「そうではなく、単純に〝癒《い》やし効果〟しかないよ、といっているんです。その子がイルカを大好きであれば、楽しいからいいんじゃないですか。ただうちの息子の場合は、イルカはおろか犬も嫌がるので、無理ですが。動物が好きなお子さんだったら、癒やしになると思いますよ。でもそれは治療とかではなく、あくまでも癒やしです」

こんな話は他にもたくさんある。乗馬セラピーなどといって、馬に乗ればセラピーになるらしい。アロマセラピーも否定はしない。普通のOLだって疲れをとるためにアロマを使っているわけだから、もちろんなんらかの効果はあるはずだ。ただしそれは癒やしのリラックス効果があるだけの話であって、発達障害が治るとかいう話ではない。

これは、音楽セラピーにも同じくあてはまる。そりゃあ音楽だって子どもは楽しめる。実際に言葉は出ないけれど、音楽であれば感情の表現や発散をさせる一つの手段になりうる。カラオケにいけばストレス発散になるのと同じ理屈だ。ただ、この音楽に「療育」という名前がつくべきかは疑問が残るところだ。そんなことをいえば、世の中で音楽を聞いている人は、みんな療育を受けていることになるだろう。繰り返すが、音楽もある種の癒やし手段であって、子どもの障害や問題行動が奇跡的に治るわけではない。

私はこのセラピーという言葉の定義を、業界できちんと定めるべきだと思っている。なんでもセラピーをつければ「療育商品」になるからだ。薬に関しては身体的な副作用があるため、ちゃんと薬機法というものがある。サプリも「痩《や》せます」とか「目がよくなります」と謳《うた》えないようになっている。なぜ療育だけなんでも謳えるのだろうか？

## 療育とは本来何をさすのか？

よく考えてみると、「療育」と「セラピー」という言葉は、とてもフワッとしている。この二つの言葉が出てくると、なんとなくそれは治療行為をさしているととられてしまう。しかし別にペットセラピーと称したところで、犬と遊んで自閉症が改善されるわけではない。心の癒やしではあるが、何かが治ったわけではない。

療育を語るにあたり、最初にその言葉が意味する範囲をしっかりと定義するべきである。私から見ると、療育を提供している業者も、療育を求める保護者も、この言葉を曖《あい》味《まい》なまま乱発している。放課後デイにくる保護者の多くは療育を求めるにあたり、「子どもが読み書きをできるように訓練してくれ」と希望するケースが多い。

（え？　ここを塾だと思っていらっしゃらないか？）というのが私の率直な感想だ。ここですでに、療育と学習の概念がごちゃ混ぜになっている。

周囲を見る限り、多くの方が使っている「療育」という言葉には、複数の範疇《はんちゅう》が含まれている。私なりに整理してみると次のようになる。

**一般の療育の概念　↓　①癒やし　②教育　③リハビリ**

**①の癒やしの議論。**例えば多くのセラピーは癒やしの範疇に入ってくる。音楽療育での感情発散も療育と呼ばれている。もし子どもの感情表現や発散が達成されるのが療育だというのであれば、あらゆる電子機器ゲームだって「ゲーム療育」と呼べるだろう。しかし多くの親は、ゲームというと眉《まゆ》をひそめる。

親にとって療育は、どこか訓練っぽい雰囲気をさしているように思う。要は子どもが興味のない絵札を何度も指さす、というつまらない訓練をさせられていると、「療育を受けている」と思って安心する。これは効果云々《うんぬん》ではなく、たんに親の「やっている感」の問題である。

**②の教育の議論。**親が求める読み書きや計算にまつわる話は、当然「学習」の範疇に入る。読み書きを教えるのは「教育」であって「療育」ではない。従ってこれは、本来放課後デイや療育センターでなく、学校教育の範疇である。ただ健常児とは違い、特殊な学習方法が必要になる。そのための支援学級だと私は思っているので、放課後デイに塾のような役割を期待しないでほしいと思っている。

とはいっても、子どもたちの学びを否定しているわけではない。子どもたちがアイムの放課後デイで、自分の好きな活動を追求し、「もっと知りたい」という意欲をもってくれればいいと思っている。実際にうちの子どもたちはパソコンのYouTube《ユーチューブ》で動画を見たいばかりに、ローマ字表を見ながら自分で入力を学習している。文字の読み書きや計算能力は知的好奇心に影響するので、それはそれで大切だと思っている。ただし、それは療育の議論ではない、というだけの話。

**③のリハビリの議論。** 本来の療育とは、リハビリのことだと思っている。「医療」の「療」であるし、「therapy」とは「治療」という意味であるからだ。そしてリハビリとは、「機能回復」の意味だと私は思っている。つまり本来その人がもっている機能を回復させる行為をいう。

例えば事故で車椅子に乗るようになった人が、再び歩けるように受けるリハビリ訓練はセラピーである。もしうつ病で機能不全に陥っている人がアロマで癒やされて、元の状態になるのであれば、これもセラピーだ。前述のスピーチセラピーなどはまさにそれで、がっちゃんは本来言葉を発する機能をもっているにもかかわらず、4歳でも言葉を発音できなかった。セラピーを受けることによって言葉が出るようになったがっちゃんは、本来の機能まで治ったという言い方ができる。

そこで次の素朴な疑問につきあたる。自閉症の療育にあたって、いったい何を治すというのだ？　自閉症は何か壊れているのだろうか？　もし自閉症が病気ではなく個性だとしたら、最初から何か欠陥があるわけではない。であるならば、自閉症はそもそも療育で解決する問題なのか？

仮に自閉症が病気であるとする。であれば、それは心理的な障害ではなく、脳の機能障害である。つまり、脳というハードウエアの回路に問題がある。つまりこれは物理的なハードウエアの問題である。であるならば、それはなおさら療育という反復行動の訓練で治るものではない。コンピューターでいえば、マザーボード回路の物理的な欠陥を、「療育」というソフトで直せると主張するに等しい（もちろんそんなことはできない）。

## その子のアカデミックレベルは生まれつき決まっているのでは？

息子のがっちゃんを見ている限り、その子のアカデミックレベルは生まれつき決まっているのではないかな？　と感じている。がっちゃんは現在中学校3年生だが、アカデミックレベルは小学2年生レベルだ。母語は英語だが、彼の語学力は小学2年生レベル。日本に引っ越してきて、日本語を学習する能力はある。しかしそれも同じ小学2年生レベルだ。

算数については、足し算引き算は上手だが、掛け算は掛けているのでなく、足している。割り算に至っては概念を理解しておらず、どんなに詰め込んだところで方程式は論外である。最初からがっちゃんの学習能力に見切りをつけているのでなく、彼の素質を見ていての話だ。

放課後デイの子どもたちを見ていても、同じことがわかる。普通学級に通っている高機能（知的障害を伴わない）自閉症の子どもは、自閉症傾向をもっていても普通の授業内容を理解できる。しかし重度の自閉症の子にはどんなに療育を詰め込んだところで、その子が突然、普通の授業についていけるようになることはない。もし仮にそうなったとしたら、その子は生まれつき高機能であったということになる。

子どもの療育を無条件に信奉する熱心な親にありがちなのが、高機能の子どもと、療育効果を混同するパターン。他人の体験談などで、「療育を受けたおかげで普通学級に入れるようになった」と聞くと、わが子にも同じ療育を施せば、あの子のようになると勘違いする。でも、**隣の子の話は隣の子の話であって、あなたの子どもと同じであるわけではない。**なぜなら人の特性は、生まれつきそれぞれ全く違うからだ。

これは健常な人に話を置き換えればよりわかりやすくなる。一般論としては、日本の子どもたちは全員、全国で一律同じ水準の教育を受けている。それなのに天才になる子と、そうでない子が現れる。この差は、一概に生徒の学習意欲とか努力といった精神論だけでは片づけられない。努力をしなくても東大に受かる天才はいるし、ずっと努力をしても、一生大きな結果を残せない人はごまんといる。

どこの国でもそうだが、国が定める学校教育内容は、平均レベルに合わせてつくられているはずだ。IQ《アイキュー》160を基準にした授業内容では、99%の生徒が落ちこぼれになるだろう。ということは、平均レベルの教育現場から、その水準を超えた天才生徒が出るのは誰のおかげか？　それは学校の教育内容でなく、本人の生まれもった特性の問題である。

もちろん環境も影響するが、人間の特性は生まれつき決まっている。各個人のIQは生まれつき決まっているにしても、どんなに強化塾に通ったところで、IQ100の持ち主がアインシュタインの頭脳になることはない。よく「右脳開発」とか「天才を育てる」と謳《うた》っている本があるが、いったいその本のおかげで、何人の天才が育っただろう？　昔から現代に至るまで、天才の誕生は一定の比率が生物学上の確率論で決まっていると思う。実際にＩＱの分布図を見ると、ＩＱ１４０以上は人口の２％以内である。どんなに教育を強化したところで、この比率が10％になるとは想像しにくい。

その人の認識力やＩＱは、ハードである脳のキャパシティ（器）によって決まる。ある程度の幅は、特訓や練習、学習というソフトによって改善されるかもしれない。しかし、もともとのハードの機能を超えることはない。パソコンで考えれば、それは明白である。どんなに最新のアプリをインストールしたところで、その携帯やパソコンのＣＰＵのスペック（仕様）が変わるわけではない。

もう一度繰り返すが、自閉症キッズの学習レベルは、その子によって一人ひとり、生まれつき決まっている。教育や療育でできるのは、その子の生まれもっている潜在能力を最大限活用する方法論である。

## 結果を少しだけ前倒しすることはできる

生まれつき、人の学習レベルや自閉症レベルが決まっているのであれば、果たして療育には何ができるのか？　それは、ある程度の結果を前倒しすることである。

療育は詰め込み方式であるので、誰だって詰め込めばある程度の効果は出る。親のあなただって、集中的に塾で反復学習をやらされれば、ある程度計算は速くなる。しかしだからといって、その計算力で相対性理論と量子学の謎を解決する方程式を生み出せるようにはならないだろう。

私が帰国後、日本の支援学級の生徒を見た時に驚いたことは、**アメリカほど療育を受けていない自閉症の子どもたちも、中学生になると、療育を受けた子どももとあまり変わらない状態になる、**ということ。うちの放課後デイでいえば、いちばん手のかかる自閉症キッズは、いちばん療育を受けてきたがっちゃんだ。他の生徒はがっちゃんほど療育を受けていないが、がっちゃんより問題行動が少ない。

となれば、療育がいったいどんな効果をもたらすのかを再考すべきだ。私が気づいたのは、療育はその子の潜在的な学習レベルを数年、前倒しできるということ。しかし、それによって着地するゴールのレベルが高くなる、という意味ではない。

先に紹介したスピーチセラピーによって、がっちゃんは2年早く言葉を発するようになったかもしれない。しかしそれで彼の現在の言語能力が2年分上乗せされたわけではない。おそらくセラピーを受けていてもいなくても、彼のコミュニケーションレベルは中学生になれば同じレベルに落ち着いたはずだ。

一つ誤解してもらいたくないのは、私は療育を全面否定しているわけではない。がっちゃんだって、同じ言葉を発するのであれば、6歳まで待つよりは4歳の時にできた方が楽しいに決まっているであろう。

ただ、子どもが成長した時には結果に大差がないので、日本の親がアメリカと同じような療育を受けられないからといって、絶望的になる必要はないということ。仮に療育で若干の差がついたところで、うちのがっちゃんが普通の企業に就職することはまずない。だから、結果はあまり変わらないのである。

もし**結果が大きく変わらないのであれば、療育に必死になって、大きなストレスを親子で抱えるよりは、開き直って日々を楽しんだ方がいい。**それこそが子どもにとって、最善の療育環境ではなかろうか？

## 信仰化する「療育教」

療育で自閉症が改善されるかどうかは、「親の努力次第です」という変なプレッシャーをかける専門家がいる。

まるで、子どもが変わらないのは、親の努力不足かのようないいようだ。当然、療育で自閉症が治ることはないので、親は自分の努力の足りなさを責めて、親子ともにより厳しい療育修行に入る。実際日本では、療育に対するお布施は非常に高くつく。

療育に熱心な保護者の中には、子どもに最善の療育を受けさせるために、月30万円を費やしている家族もいる。これはよほどのお金持ちでなければ、払える額ではない。また、なんの根拠もなしに有名な私立の学校に高い授業料を払い、自閉症の子どもを通わせている親もいる。普通のサラリーマン家庭にとっては、月10万～20万円の出費でさえ、経済的・精神的に大きな圧迫となる。

当然、療育に熱心な親は「療育のおかげで子どもがよくなった」と主張する。大金を費やせば、それだけの出費を正当化しないと納得できないだろう。私自身、そういう家庭をいくつか見てきたが、明らかに子どもの自閉症はよくなっていない。

「本当に自閉症が改善されたのですか？」と聞くと、「療育のおかげで、この程度ですんでいる」という。なんかこれって、インフルエンザの予防接種に近い議論である。予防接種を受けていたにもかかわらずインフルエンザにかかった友人に、「効いてないじゃん」というと、「予防接種のおかげでこの程度ですんだ」という。

繰り返しいうが、うちの放課後デイでいちばん手のかかる子どもは、わが家のがっちゃんである。アメリカで多くの時間、療育を受けてきたのにである。そして同じくらい手のかかるのが、熱心な療育を受けている子どもである。奇妙なことに、療育時間の多い子ほど手がかかるのである。

理屈でいえば、手のかかる子どもは自閉症が重度だから、療育時間にも多くの時間を費やしている、といえなくもない。でも冷静に考えれば、自閉症の問題行動を改善するはずの療育をたくさん受けている子どもほど、問題行動が減っているはずである。でなければ、療育が効いているとはいいがたい。

私が驚いたのは、さんざん様々な療育を子どもに施していた親が、最後は薬で子どもの問題行動を抑え込もうとしたケースである。自閉症の症状を治すために療育をやってきたはずなのに、最後は薬である。これでは、「それまでの療育に効果がなかった」と自らいっているようなものである。

**療育に過度な熱意と期待を寄せる保護者を、私は「療育信者」と呼んでいる。**療育を絶対だと信じ、宗教のようにすがっているからだ。アインシュタインも証明したように、世の中は全て相対的である。その中で絶対だと称するものは宗教である。答えが不明《ふめい》瞭《りょう》なのに、あたかも「絶対」という答えがあるかのように行動するのは、もはや「信仰」である。

しかし宗教と同じように、療育は結果を保証するものではない。どんなに信奉したところで、宗教信者が100%天国に入れる保証がないのと同じだ。そもそも天国を見たやつはいるのか？　というツッコミを入れたいのと同様に、そもそも自閉症が治った人を見たやつはいるのか？　といいたい。

とはいえ、療育信仰に走る保護者を責めることはできない。なぜなら、ただでさえ自閉症の子どもをもったことで精神的に脆《もろ》い立場にあるからだ。さらにそこからまわりの専門家や業者からは、「療育を受けないと治らない」と吹き込まれる。しかし実際は療育を受けようが受けまいが、自閉症は治らないのだ。

なんらかの安心と保証を求めて、療育に親が走るのも理解できる。しかし親が療育に強く依存するあまり、本来大切なところに目がいかなくなることの方が致命的である。

その、本来大切なこととはこれである。

**「いかに人生を楽しく生きるのか」**

# ある日のがっちゃん

その2
空飛ぶピザの巻

# 第3章

# 療育なんかいらない!

## アメリカでの「がっちゃん療育体験記」

わが家の15歳（2016年現在）になる息子は、2001年5月1日、横浜生まれ。名前は「楽音」と書いてガクトくん。妻のさっちゃんは、「楽しそうな音だから」といっていたけれど、騒がしい子になるんだろうなと思っていた。事実、今ではすっかり騒々しいおサル状態だ（がっちゃんには1学年下の妹の凛々花《りりか》がいる。そんなわけで、うちは私、妻のさっちゃん、がっちゃん、りりちゃん、そしてハワイ生まれの猫のココがファミリーメンバーだ）。

がっちゃんは3歳の乳幼児健診で「自閉症傾向」と診断された。最初のリアクションは「自閉症って何？」であった。確かにうちの子には変わったところが多いとは思っていたが、まさかそれに病名がつくとは思っていなかった。自閉症に関してネットで検索してみると、よくわからないが、ロスアンゼルスがもっとも自閉症対策が進んでいるらしい、ということだけがわかった。

そこで、家族でロスに引っ越すことを決意（ロスで職を得たプロセスなどは、私のブログを読んでください）。がっちゃんがロスの地を踏んだのは2005年で4歳の時。がっちゃんの自閉症療育生活の本格スタートであった。

教育委員会の担当者に「うちの子は自閉症だ」と連絡をすると、Special Education《スペシャル エデュケーション》の担当が動き出す。アメリカのいいところは、障害児のプログラムが「特別教育」と呼ばれているところ。それぞれ個別の子どもに合った特別な学習プログラムであるところが強調される。日本の「支援学級」だと、なんだか弱いもの、劣ったものをサポートするという意味合いが強くなる。いつでも何かとマイナスのところに目をつけてしまうのは日本人気質なのかもしれない。

がっちゃんのためのIEP会議が始まり、彼が通うことになる学校の校長先生、Special Education（特別教育）の担当者、臨床心理士、作業療法士、言語療法士の5人が揃《そろ》った。IEPとは「Individualized Education Program《インディビデュアライズド エデュケーション プログラム》」の略で、直訳すると「個別化された教育プログラム」ということになる。

親から家庭での様子を聞いたり、その場でがっちゃんの様子を観察したりして後日I

ＥＰレポートなる紙の束が出てくる。この分厚いＩＥＰレポートには、がっちゃんの現在の学習レベルと、何が困難となっているかが細かく書かれている。そしてがっちゃんが特別学級でどのような支援サービスを受けられるかも記されている。

例えば教室でＯＴ（Occupational Therapy《オキュペーショナルセラピー》 作業療法）とＳＴ（Speech Therapy《スピーチセラピー》 言語療法）を専門家から個別に週に何時間受けられるか書いてある。さらには送迎バスもつけられるかがここに記載されている。そしてこのＩＥＰレポートは全米共通なので、州をまたいで引っ越しても、ＩＥＰのレポートが効力をもつことになる。

## 合理的なアメリカの療育システム

ＩＥＰのレポートは毎年更新され、がっちゃんの現状、過去からの進歩状況、そして今後のプログラムの目標設定が書かれてある。これらは事細かく数値化されている。例えばがっちゃんの場合であればこんな感じである。

・what, where, whoの問いに対して、4回の問いかけのうち3回以上、50％の正確さで返答できるようにする。
・物語を読み聞かせたあとに、物語の中で起きた3つのことをあげることができるようにする。
・学習中に突然声を上げたり笑ったり飛び跳ねたりするのではなく、5回のうち4回は「休憩したい」となんらかのジェスチャーで示すようにする。
・ボールのドリブルでは5回中3回は、1・5メートル先のゴールまでボールを蹴《け》ることができるようにする。

これらの目標設定とは別に、IEPの中には健康面から学校での学習態度まで詳細が記されている。これまでの目標に対してがっちゃんがどのように進歩してきたか、そして今後どのようなことが期待されているか。またそれを達成するためにどのようなサポートを受けることができるかなどである。

IEPの根底には「義務教育はすべての人が受けられる権利である」という考えがある。そんなわけで、英語を話せない親のためには通訳がつけられる。さらにお願いするとレポートが日本語に訳されて渡されるくらい徹底している。ここで興味深いのは、実はＩＥＰレポートは、学校と親の間に結ばれる契約書でもあるということだ。アメリカ人らしいのは、ＩＥＰで子どもがどのようなサービスが何時間受けられるのかを巡って弁護士が出てくる場合があることである。

ＩＥＰの予算は州から出ている。従って州の教育予算が削られると予算不足で、学校側もサービスの時間を削ろうとしてくる場合がある。それでわが家もＩＥＰ会議の前に関係者から、「サービス内容を削られないよう、常に交渉するように」とアドバイスを受けた。

家庭によってはこれを危惧《きぐ》して、ＩＥＰ会議に弁護士を同伴するところもある。そして委員会と親の方で折り合いがつかないと訴訟が起きる。実際、過去の特別教育の歴史を見ていくと、ＩＥＰが整備される前は子どもが支援を受けられる権利を巡って、親が裁判を起こしてきたという経緯がある。

こんなことが日本で起きたら役所は真っ青だろうし、その家族はクレーマー扱いもいいところだろう。しかしアメリカではあくまでも予算を勝ち取るための手続きでしかなく、このことに関してはお互いドライである。教育委員会の方も「訴えてもらった方が予算獲得のために動きやすい」という側面もある。

幸いなことにがっちゃんはIEP会議の場になると、決まってたくさんの問題行動を見せてくれた。まるで自分がそこで「ボク大変だよ！」とアピールしないといけないことがわかっているかのようであった（笑）。そこにいたメンバーも「確かにこの子は大変だ」というわけで、がっちゃんが受けられるサービスを最大限くれた。

## それは療育効果でなく自然成長では？

ロスにいた時は、毎年がっちゃんの特別教育の支援計画IEP会議が開かれた。がっちゃんの個別計画書には、この1年の目標に対する結果が詳細に記されている。「単語を3つ以上、続けて話せるようになる」とかいった具合である。この分厚いレポートを書くだけでも、担当の人の作業は結構大変である。

で、このIEPレポートをそれぞれの担当者が丁寧に読み上げながら、がっちゃんの過去1年の進歩ぶりを報告してくれる。それを聞きながら素朴な疑問があった。「これって療育云々《うんぬん》ではなく、自然成長ではないの？　これぐらいの進歩であれば、療育と関係なく成長すれば自然にできるのではないだろうか」。

療育が熱心に行われる時期は、子どもが小学生の時である。療育のあるなしにかかわらず、子どもの成長が飛躍的に伸びる時期でもある。誰だって、毎年語彙《ごい》は少しずつ増えていくだろうし、できる作業も増えてくる。

それともう一つ。自閉症にはこだわり行動がある。これが他人に迷惑がかかる行為だと「問題行動」と呼ばれる。いずれにせよ療育の専門家は、この自閉症の特徴であるこだわり行動を軽減させられると主張している。

しかし、**自閉症のこだわり行動には周期がある。**がっちゃんを見ていると、だいたい3ヶ月〜半年のサイクルである。例えば、がっちゃんには一時期、ショッピングセンターなどで非常ベルを押してまわるこだわり癖があった。

モールに入るなり、いきなり走り出して小さい赤いスイッチを押してしまう。よくも遠くから、そんな小さなものを素早く見つけるなと感心してしまう。が、スイッチが押された瞬間、モール中に大きな警報が鳴り響き、警備員が走ってくるのでハラハラものであった。

しかしこの困った癖も、数ヶ月するとピタリと止まった。すると次は、別の新しいこだわり問題が起きる。例えば別の時、オシッコ騒動があった。小学4年生ぐらいの頃、ロスの家で好きなところにオシッコをしてしまう習慣があったのだ。3階に普段使わないサウナがあったのだが、専用の石をおく台があり、そこにがっちゃんはオシッコをするのであった。

これもしばらくするとなくなり、次に始まったのが部屋の真ん中にウンチをする儀式だった。この困ったサイクルが始まると、彼の気がおさまるまで、どんなに叱っても止まることはない。だから辛抱強くその周期が終わるのを待つしかない。

この周期の途中は、いくら療育で指導しても全く改善されない。しかし療育の担当者は、通常1年単位でがっちゃんを受け持つ。問題行動の周期はたいてい半年以内なので、この間にがっちゃんのお騒がせ行動は治る。担当者からすると、「自分の療育指導のおかげでがっちゃんの行動が改善された」と思ってしまう。

このように療育には、水かけ論のような部分が多分にある。放課後デイに面談にくる保護者がいうところの「療育のおかげで、うちの子はよくなった」も、案外子どもの自然成長によるところが大きいのではないかなと思う。

## 悔しくて療育プログラムを投げつけたがっちゃん

フロアタイム（自宅で遊びながら行う療育プログラム）が始まり、放課後、セラピストがわが家に週4日間くるようになった。がっちゃんの療育プログラムが目的であったので、セラピストさんは毎回2時間、色々な手法をがっちゃんに試していった。一方の学校では、ＩＥＰから受けられる支援で、「シャドウ」と呼ばれる自閉症児サポーターがつく。シャドウとは「影」を意味する言葉で、朝から学校が終わるまで、終日がっちゃんのお世話をしてくれる。

自閉症の問題行動を改善するといわれている療育方法は、主に二つの方法論から成り立っている。一つは「構造化」といって、物事を秩序立てる方法である。自閉症は変化を嫌う・予想できない物事を嫌うという性質をもっている。だからいつも同じものしか食べたがらない極度の偏食傾向が見られる。また新しい場所にいくとパニックを起こすこともある。それですべてのものにラベルを貼ったり、絵で表したスケジュール表を用意することで、その子が落ち着くようにする。

もう一つはＡＢＡ（Applied《アプライド》 Behavior《ビヘイビア》 Analysis《アナリシス》／応用行動分析学）という手法で、アメとムチ方式で自閉症の行動を制御するというもの。これに関しては後述するが、ひと言でいうと、子どもをご褒美《ほうび》でつって課題に取り組ませる手法だ。

例えばがっちゃんが指示に従うと、シールを１枚もらえる。しかし指示に従わないで反則をするとシールを取り上げる。シールが一定の数揃ったら、ご褒美を与える。

この二つの手法に共通するのは物事の一貫性である。子どものスケジュールを決めたら、それを変えない。アメとムチに関しての指示を変えない。つまり**自閉症の子どもを特定の行動パターンに押し込むのが療育の基本**である。

そして療育の専門家はこの型を絶対に崩してはならないと主張する。それで家にやってきたセラピストも、がっちゃんが決められたルールを24時間守るようにいってきた。

セラピストはアメとムチで常にがっちゃんに指示を守らせているので、親がそのパターンを崩してはならないというのだ。

ところがここで、予想もしていなかった意外なことが起こった。セラピストが帰る際に、親も守るようにとシールを貼る表をおいていった。がっちゃんはその日はいい子にセラピストの指示に従って行動をしていた。

そこでさっちゃんが、「守ろうね」といってその表を壁に貼った。するとがっちゃんは突然怒り狂い、その表を壁から剥《は》ぎとってビリビリに破くと、悔しそうに床に投げつけた。それからオウオウと大声で大泣きをして、小さい身体で最大限、抵抗の意思表示をしてきた。

私はその様子を見ていて、彼にとっては療育の方法は屈辱的なんだなと悟った。セラピストがいる間は我慢していたものの、そのあともずっとやられるのかと思うと怒りが抑えられなかったのだろう。

それからわが家では、プライベートの時間でがっちゃんに療育の手法を押しつけることはしなくなった。

## がっちゃんさえ楽しければいいんじゃないの？

気づくと、がっちゃんも小学校の高学年に入っていた。この頃には私自身も、がっちゃんの自閉症に関して色々なことを理解するようになってきた。

がっちゃんは学校でも放課後でも、療育プログラムを何年にもわたり、とても手厚く受けてきた。しかし親として見ていると、**がっちゃんはどこまでいってもがっちゃんだ。**がっちゃんの自閉症の特性が変わることはない。

当然ながら、学校でどれだけＡＢＡ手法で注意を受けたところで、がっちゃんの問題行動がおさまることはなかった。例えばがっちゃんには親指をしゃぶる癖がある。このがっちゃんの指しゃぶりは、「歯並びに影響するからよくない」といわれ、何度もストップさせる方法を試してみた。最後は指の爪にとっても辛《から》いエキスを塗って、しゃぶれないようにした。しかしそれでもおかまいなしにチュパチュパやっていたのでこっちが驚いたぐらいだ。

この癖は中学生の今になっても直らないので、しょっちゅう「Finger《フィンガー》 out《アウト》!（指を出せ）」と私とママから注意をされている。でも当人からすると、なんらかの落ち着く儀式みたいだ。であるならば、問題行動であるとされるがっちゃんの指しゃぶりが療育で直るわけがない。あなただって「シールを1枚あげるから貧乏ゆすりをするな」といってもやめられないはずだ。

フロアタイムでは毎回、セラピストががっちゃんになんらかの療育プログラムを施そうとしていた。しかしがっちゃんの年齢が上がるにつれ、指示を無視して好き勝手に振る舞うようになった。まるで「そんな子どもだましの要求には従わないぜ」といっているかのようであった。

小学5年生になる頃には、がっちゃんは好きなタイミングで2階の自分の部屋に隠れてしまった。そして「早く下にいきなさい、先生が待っているよ」と何度も注意されると、ようやく下に降りてきた。それでも先生の出す課題をすぐにやらず、ずっと違うことをチンタラやって時間稼ぎをしていた。

そんながっちゃんを見ていて、私もさっちゃんも「いくら療育をしたところで、がっちゃんはがっちゃんなんだな」と思うようになった。気づいたらどこかの時点で療育に期待をしなくなった自分たちがいた。

そんなわけで、セラピストたちががっちゃんに対して行うプログラムを、がっちゃんの自閉症を治す目的として考えなくなった。単純にお気に入りのセラピストと時間を過ごして、がっちゃんがハッピーならそれでいいか、と考えるようになった。

この頃から私は、「自閉症は治す・治さないの議論ではない」と気づくようになる。そう思えた時点で初めて、親は真の意味で、わが子の自閉症を受け入れられた、といえるのだと思う。

## 専門家と権威の落とし穴

放課後デイで保護者と話していて、私が「療育には専門家が主張するほどの効果はない」というと、必ず「でも専門家が……」とか「アメリカの権威は……」とか反論される。しかしここで**忘れてはならないのは、専門家と呼ばれる人たちだって、間違ってい**

**ることもあるという事実だ。** アメリカの医療や科学が常に万能なわけではない。

専門家の意見や手法は、当然ながら日々変わるというのが歴史の常だ。昨日までの常識が突然ひっくり返されることもしばしばある。科学や医療行為そのものが、多くの間違いや失敗の上にトライ・アンド・エラーを重ねて発展してきた。人類は何世紀か前まで、「科学的に地球が平たい」と信じていたくらいだ。

療育方法論に関していうならば、自閉症に対する関心が高まったのは１９６０年代に入ってからのことである。それまでは自閉症そのものが単体で認識されることはあまりなかった。何しろ社会的に適応できない子どもたちに「自閉症」というラベルがついたのが40年代の頃である。そういう意味では、自閉症の歴史はまだ浅いといえる。

自閉症の治療の試みは60年代から70年代にかけて、研究者の間で盛んになった。当初はＬＳＤや電気ショックを使って、自閉症の問題行動を治そうとしていた。

「え、自閉症治療に危険な麻薬のＬＳＤや電気ショック？」と聞いて驚いてはならない。何しろアメリカは、40年代から50年代にかけて、かの「ロボトミー治療」が盛んだった国なのだ。

みなさんはロボトミーをご存じだろうか？　精神疾患患者の頭蓋骨《ずがいこつ》に穴をあけてメスをつっ込み、前頭葉を切りとる医療行為である。脳を切りとることによって、精神疾患患者の問題行動を制御しようとしたのである。この題材はジャック・ニコルソン主演映画『カッコーの巣の上で』（１９７５年）でも扱われている。

一見この乱暴ともいえる行為は、当時画期的な治療法としてもてはやされた。しかもこの手法の発明者であるエガス・モニスは、この功績としてノーベル賞を受賞している。しかしロボトミーは多くの後遺症を生み出し、社会問題化したのが70年代に入ってからである。

ちなみに日本だけでも、３万人から10万人がこの手術を受けたとされている。日本でロボトミーが廃止されたのは１９７５年のことである。

考えてほしい。もしこの時代に今の療育熱心な親がいたら、率先してわが子にロボトミーを受けさせていただろう。だって医療の権威・専門家がいう科学なら、それは正しいわけでしょ？

でもこれって、ミドリ十字（当時）の薬害エイズ事件の被害にも通じる話である。みんな、専門家や業界の権威を信じたのだ。しかし結果からいうと、これらに関しては専門家が正しかったわけではない。

別に今の療育がロボトミーや薬害エイズ事件みたいに害があるものだと主張する気はさらさらない。しかし「専門家がいうことがすべて正しい」という姿勢に、疑問を差しはさむ余地が少しくらいあってもいいのではないかと思う。

薬害や誤った手術方法と違って、療育は物理的には人に害を与えない。だから薬害と療育を並べるのも極端な議論だと思われるだろう。しかし**療育のやり方をしくじると、心の中に見えない傷を子どもに負わせてしまうことになる。**外側からは明確には見えない、二次障害的な影響を引き起こす可能性があるのだ。

私は医療業界や権威を批判する気はない。ただ専門家も間違う時があるわけで、権威のいうことを無条件に受け入れるのは、リスクが伴うという話である。にもかかわらず、療育の議論になると「これが絶対」かのような主張をする保護者が少なからずいる。そのところをなぜ考えないのか、私には不思議なのである。

# ABAは、動物を「抑制」する方法論

精神科の世界においては、ロボトミーの代わりに、より進歩した薬が精神疾患治療に使われるようになった。同じように自閉症の療育も、LSDと電気ショックという乱暴なものから、よりマイルドなものに変化していった。それが投薬もなく、行動を分析することによって、対象者の行動を制御する療法だ。

自閉症に対する療育方法でもっとも有名なのは前述のABAである。このABAは、動物の飼育方法から始まっている。動物たちの行動を分析することによって、アメとムチを適切なタイミングで差し込めば、動物の行動を制御できるというものだ。

次の事実として、この行動分析が応用されたのが、犯罪学においてであった。驚くなかれ、アメリカの療育プログラムは、実は「若者の犯罪を減らす」という目的から始まっている。アメリカでは発達障害者による犯罪率が高かったため、子どもの時に予防プログラムを施そうとしたことから始まったのだ。

アメリカでは、手厚い療育プログラムを無料で受けることができる。これはむしろそうした方が、「社会的コストが安くなるはずだから」という、アメリカ人らしい合理的発想によるところが大きい。何もしないで犯罪者になられると、将来的に刑務所を含むコストの方が高くつく。ならば子どもの時に予防しておけばいいだろう、と考えるのは妥当であろう。

さて、応用行動分析学的に考えると、もしニンジンによって馬の行動をコントロールできるのであれば、シールかお菓子で子どもの行動をコントロールできるはずである。これがＡＢＡ療育の根底にある発想である。だから行動を「分析」して「応用」すると書くのだ。

**要は今ある療育は、不要と思える行動を強制的に訓練するという「抑制」の発想を基本としている。**子どもの行動を抑制するのだから、当然それは「抑圧」につながる。

事実ＡＢＡ療育には、二次障害という現象が起きることもしばしばある。私にはとても危険に見えるのだが、日本にはこのＡＢＡを保護者が自主的に行っている会がある。専門家が日本にはまだ少ないため、日本の保護者たちが見よう見真似《まね》で、直接子どもたちを24時間ABAで訓練するように教えているようだ。

多感な自閉症の子どもからすると、学校でも家でも、24時間「抑圧」のプレッシャーにさらされることになる。うちの放課後デイにかかわっている心理カウンセラーにいわせると、「精神的な幼児虐待のように見える」という。子どもたちは家で心休まることができないからだ。

当然この手法は親にも多大なストレスを与えるものとなり、親子揃《そろ》って燃え尽きてしまう。さらに効果が出ない（最初から出るわけない）ため、親は自分の努力が足りないといって、より療育に力を入れる。ここまでくると、もはや宗教の領域に入ってしまう。

療育の手法は、自閉症の子どもにとっては、親が考えているよりもストレスが大きい。大人の我々だって、同じことを強制されたら大きなストレスになることは容易に想像ができる。

毎回興味のないことを、強制的に何度もさせられたら嫌になるだろう。『自閉症の僕が跳びはねる理由』など〝自閉症の著者〟として知られる東田直樹くんの本にも、「ご褒美式の療育は屈辱的であった」と書いてあり、「やっぱりね」が、私の感想であった。

# アイムが療育という言葉を前面に使わない理由

アイムの放課後デイも、「療育」というキーワードを前面に押し出せば、子どもはもっとやってくるに違いない。しかしアイムがこの言葉をウリにすることはない。なぜなら、誤った期待は絶望を生み出すからだ。

療育で子どもの発達障害が改善されるといえば、親は一時的に喜ぶ。しかし療育での結果は保証されているものではないため、期待が大きいほどあとで絶望につながるのだ。うちの教室も、他社と同じようにホームページやチラシで「療育をやっています！」と謳《うた》えば、お客がもっとくるのはわかっている。ビジネスであれば、それは正しい手法だ。しかし私は、自閉症児の親という、当事者でもある。だから私と同じ境遇にある他の保護者にも、変な期待はもってほしくないと思っている。

とはいうものの、「療育は絶対だ」という業界の常識に逆らうのは大変だ。場合によっては、ムキになる保護者と対峙《たいじ》することになる。なぜなら療育信者にとっては、私の発言は彼らの願う保証を奪うものとなるからだ。療育教に依存している人にとって、教義は救いの保証だからだ。信じていることを批判されると、当人はますます必死になる。

療育という言葉に洗脳されている信者の頭をかち割る作業は楽ではない。一人なぎ倒したと思ったら、また次の保護者がやってくる。とくに毎年4月前の面談時期は、ゾンビードラマの『ウォーキング・デッド』状態である。なぜなら療育信者である保護者が、大勢療育センターからやってくるからだ。一人なぎ倒したところで、次がどんどんやってくる。

これは結構、精神力を使う。それを見ているスタッフからは、「何回も同じ説明するのは大変だから、説明会にしてまとめてはいかがですか?」といわれる。しかし、それぞれの家族の状況や関心事は個々に違うので、なるべく個別に対応したいとは思っている。私が可能な限り、新しい生徒の親子面談に出るのはここに理由がある。

別にここで偉ぶるつもりもないし、自分が100%正しいと主張する気もない。というか、この議論自体に加わる気もない。私がどの宗教宗派が正しいかの議論に興味がないのと同じくらいに、である。なぜなら今のところ、自閉症キッズの扱いはまだ答えの出ていない未知の領域だからである。

自閉症の療育で議論をするのは、富士山に登ったことのない人たちが頂上からの光景を議論しているようなものである。我々は自閉症に関してはまだ山の麓《ふもと》レベルにしかいない。私としては存在しない答えを議論する時間があるなら、自分なりの新しい答えをつくった方が早いと思って放課後デイに取り組んでいる。

自閉症ほど、不思議なテーマはない。自閉症を語るということは、脳のつくりに始まり、人が世界をどのように認知・認識しているかという話につながる。さらにはその人の人格や性格の因果関係まで踏み込む話になるからだ。**自閉症は、「我々人間は何者なのか？」といった深いテーマにつながると思っている。**自閉症はまさに、未知のテリトリーなのだ。

## 療育をやめると自閉症は「後退」するのか？

実は放課後デイを開いた当初、どこかの時点で、アメリカから療育の専門家とブログラムをもってこようと考えていた。「対自閉症といえば、療育プログラムが当たり前だ」と思っていたからだ。

しかし客観的に考えれば、がっちゃんに長年の療育が効いていないのは明らかであった。日本に引っ越してきた時、私は勝手に「日本の療育は遅れているから、日本の自閉症の中学生は、さぞひどい状況に違いない」と想像していた。家の近所の特別支援学校を見学にいった時も、先生と話していた時にＡＢＡという言葉を相手が知らなかったので、「どんだけ素人なの？」と思っていたぐらいだ。

しかし実際にがっちゃんが近所の公立中学校の支援学級に通いはじめると、「うちの子の問題行動がいちばん大変なんだ」と痛感した。他の自閉症生徒は、授業中におとなしく席に座っていた。そこで私は、もっとも素朴な疑問にいきあたる。

「アメリカで９年間も療育を受けてきた息子が、日本で療育をあまり受けてこなかった生徒より問題行動が多いって、どういうことなの？」

この単純な疑問は、しばらく私の頭の中をグルグル回っていた。そして時を同じくして、私は友人の河野誠二と放課後デイを立ち上げることになった。その時は「自閉症といえば療育だ」という頭しかなかったので、どうやって療育プログラムを導入するべきかの議論をしていた。

そんな時、妻のさっちゃんの何気ない言葉が、私に大きな楔《くさび》として深く突き刺さった。それは、アメリカから帰国してしばらく経った時のこと。がっちゃんはアメリカにいた頃のように、療育のセラピストと会わなくなっていたので、「ここぞ」とばかりにルールが課せられない状態の中、自由に振る舞っていた。それを見かねて、さっちゃんがいった。

「ロスで受けていた療育を日本で受けられなくなったら、がっちゃんの行動が後退しちゃうんじゃやない？」

え、「後退」する？　療育の世界では、よく「後退」という言葉が使われる。療育で常に子どもの自閉症行為を制御しないと、せっかく訓練した子どもの「普通の人の行動パターン」が崩れて、「自閉症の状態」に逆戻りするという意味である。

この「後退」という言葉は、私に大きな疑問を抱かせた。いったいがっちゃんは、どこからどこに後退するというの？　そもそもがっちゃんは後退しているのでなく、「素《す》の自分」に戻っただけじゃないの？　ということは、もしかしたらがっちゃんは、実は最初から何も変わっていなかったのではないの？

もし野生のライオンが檻《おり》の中に入れられたなら、少しはおとなしくなるだろう。餌《えさ》をやれば、おとなしく人間の指示に従うかもしれない。しかしライオンは、檻から出たら再び野生のライオンのように走り出すだろう。この状態を「ライオンは檻でのしつけが後退してしまった」というだろうか？　そんなことはない。野生のライオンは、どこまでいっても野生のライオンだ。

だとすれば、がっちゃんはどこまでいってもがっちゃんであり、がっちゃんの自閉症はどこまでいってもそのままだ。むしろ「療育でがっちゃんの自閉症を制御できる」というのは、おこがましい考えなのではないか？

ちょうどこの頃に、ある水族館のシャチのドキュメンタリー映像を見ていた。本来は広い海を自由自在に泳ぎまわるハンターであるシャチを捕らえ、療育と同じ方法論でしつけているのだ。シャチは狭いプールに押し込まれ、何度も興味のない演技を反復するように強制される。しかしやがてそのストレスに耐えかねて、シャチが逆ギレするシーンがあった。

もしかして、療育というのはそれと同じことを自閉症キッズに対して行っているのではないかな？　と考えるようになった。

## 「療育を提供するのは恥ずかしくない？」

「がっちゃんは後退するんじゃないの？」というさっちゃんの言葉は、私の療育常識に大きな揺さぶりをかけた。ちょうど私が、放課後デイの準備をしていた時の話である。

彼女は帰国によって、がっちゃんがアメリカにいた頃のような療育を受けられなくなったことに対して、懸念していた。だが私はその疑問符を逆にとらえた。そもそも効果が後退するものなら、それは効果があったとはいえないいんじゃないの？

療育を続けない限り後退するということは、常に薬を打ち続けない限り、病気が発病するという理屈に近い。そんなことでは病気は治ったとはいえない。であるならば療育は、がっちゃんの自閉症のいったい何を改善したというのだ？

しかしよく考えてみれば、私はロスで、がっちゃんとセラピストの様子を見ていて、どこかで気づいていたはずだ。自閉症は治す・治さないの議論ではない。がっちゃんは療育をしようがしまいが、今のがっちゃんとあまり変わらない。これだけは親として、彼を見ていてそう感じていた。

では、もし療育が自閉症を治すものでないならば、なぜ私は自閉症キッズに対して、放課後デイで療育を提供しようと考えているのだろうか？　私はそんなことを悶々《もんもん》と考えながら、放課後デイのホームページを用意していた。そしてがっちゃんの写真をサイトに載せようとしていた時に、さっちゃんがこういった。

「がっちゃんをホームページに載せるの？」

「当たり前じゃん、うちの子のために放課後デイをやるんだから」

「えー。でもそれ、困るんじゃない」

「なんで？」

「だって自閉症の療育をやるのに、うちの子の問題行動がいちばんひどいのよ。がっちゃんを見たら、アイムの療育は効果がないって保護者は思うわよ。なのに、療育を提供するのは、恥ずかしくない?」

その心配にも一理あった。確かにがっちゃんのこだわり行動は、他の子どもたちよりもひどかった。先生の指示はおろか、親のいうことも聞いてくれない。とてもじゃないが、9年間の療育の結果、がっちゃんの自閉症行動が改善されたとはいいがたい。

確かに放課後デイの生徒の誰よりも、いちばん療育を受けてきたはずのがっちゃんの扱いがもっとも大変である。それなのに放課後デイで療育を提供して、いったい何を目指すのか? このことはしばらくの間、私にとって大きな疑問であった。しかし、やがてこの疑問の答えは、のちにやってくる大勢の家族からもたらされることになる。

## 療育をいわなくなる親たち

放課後デイのオープン後、大勢の親子が面談にやってくるようになった。しかし前述のように、子どもの学年が高いほど、親は療育という言葉を口にしなくなるのだ。

私は療育の専門家から、自閉症の子どもをもつ親が、いかに療育に対して熱心かをさんざん聞かされていた。東京にある、専門家の女性が経営するセンターには、遠くの県外からも通ってくる親子がいた。しかも彼女のプログラムは完全自費であったため、月に20万円以上使う家族も多くいた。みんなそれだけ、療育に関して必死であった。

だから私は、療育を求める親は、同じくらいの熱量で教室にやってくると思っていた。ところが実際に保護者がやってくると、「送迎がないと通いません」とか「教材費の初期費用3000円は高いと思います」とかいわれて驚いた。中には「1日300円のおやつ代も高い」といってくる親もいた。

そこで私は不思議に思った。てっきり自閉症の子どもの親は、療育のためならお金にも、通う労力にも糸目をつけない人たちだと思っていた。どうも私が聞いていた話とテンションが違う。

そして面談にきた親の話を整理していてあることに気づいた。子どもが小さいほど、親の療育に対する熱心さの度合いが高かった。しかし子どもが小学4年生以上になると、とたんに療育を要求しなくなる。療育よりも、追加料金が高くないか、送迎はついているかといったことを気にしはじめる。

どうやら子どもの年齢が上がるに従って、療育に対する親の関心度は下がっていくらしいと気づく。で、考え直してみると当たり前な話にいきつく。療育は、「小さい時しか効かない」といわれているわけだから、子どもが大きくなれば、その関心が低くなるのは当然である。

実際に、療育を提供している他の放課後デイでは、預かる子どもを小学校低学年に限定しているところが多かった。そのためがっちゃんも、他の放課後デイには受け入れてもらえなかった。そこで親として感じたのは、がっちゃんには彼が属せる「居場所が必要」ということであった。

もし自閉症であるがっちゃんを変えることができないのであれば、環境を変えた方がいいのではないか？　と思うようになった。健常な人同士でさえ、人を変えることはできない。であれば、自閉症を変えるのはもっと無理な話のはずだ。だったら**無理やり自閉症キッズを普通の環境にねじ込もうとするのでなく、環境の方から自閉症キッズの方に歩み寄ってゆけばよい。**

この考えを裏づけるかのように、中学生の子どもをもつ保護者からも、「この子の居場所を探しています」という言葉を聞くようになった。多分みんなそれまでは色々な療育方法を試してきて、ある時、それは療育の問題でないということに気づいたのであろう。すると次の段階は、自閉症を治す議論ではなく、その子が自閉症のままでも受け入れてもらえる環境が重要なテーマとなる。

療育で自閉症が改善されないのであれば、自閉症のままを受け入れてくれる「居場所」。これこそ、親が療育の次に求めるキーワードである。

## 東大「ロケット」の中邑《なかむら》教授から授かった答え

「もしかすると、アイムに療育は必要ないのでは？」

このことに気づいてから、私は放課後デイの方針の舵《かじ》を大きく切り替えた。**アイムが目指すべきは自閉症を治す「療育」でなく、自閉症キッズがありのままで過ごせる「居場所」である。**

実は私自身も「自閉症といえば療育だ」というふうに、この常識をあえて疑ったことがなかった。放課後デイの教室が増えたら、アメリカから療育の専門家を呼び寄せようと計画していたくらいだ。

ところが、療育で自閉症らしい行動が全く改善されなかったがっちゃんを目《ま》の当たりにして、厳しい現実をつきつけられた。しかも放課後デイがオープンしてから他の自閉症キッズが増えてくると、がっちゃんの大変さはより明白になった。そこでがっちゃんの自閉症は、どこまでいっても自閉症なのだと当たり前のことを再認識した。

しかしこのことに気づいた瞬間、私は頭から血の気がサーッと引いて、膝《ひざ》から力が抜けるのを感じた。もし療育が必要ないのだとしたら、療育を求めてアメリカに引っ越した9年間は、どういう意味をもつというのだろうか？

一瞬、自分が9年間ロスで頑張ってきたことが否定されたような気がした、目の前がクラッとして、座り込んでしまいそうになった。これは、自分が長年信じてきた宗教が実は間違っていた、と気づいた時と同じくらいの衝撃であろう。

さらにもっと困ったことに私は、辿《たど》り着いた結論の答え合わせを誰としたらいいのかすらわからなかった。放課後デイを始めてからまだ数ヶ月しか経っていないのに、早くも「療育は違うかも」という確信をもってしまったのだ。とはいえ、まわりの専門家たちも保護者たちも、当然のように「療育は常識だ」といっている。

そんな時、アイムの顧問である眼科医の三宅琢《たく》先生から、「今度、東大のロケット（Room《ルーム》 Of《オブ》 Children《チルドレン》 with《ウィズ》 Kokorozashi《ココロザシ》 and《アンド》 Extraordinary《エクストラオーディナリー》 Talents《タレンツ》／異才発掘プロジェクト）の中邑賢龍《けんりゅう》先生という方を紹介しますよ」といっていただいた。三宅先生は、株式会社Studio《スタジオ》 Gift《ギフト》 Hands《ハンズ》の代表取締役でもあり、障害者のためにｉＰａｄのアプリや活用法を処方したり、ＩＣＴ（情報通信技術）を活用する眼科医として企業にかかわる変わったタイプの産業医で、全国のアップルストアのスタッフの研修も行っている。三宅先生は、東京大学先端科学技術研究センターの特任研究員で、前述の東大ロケット異才発掘プロジェクト（通称ロケット）のメンバー。ロケットは、突出した能力はあるものの現状の環境になじめない不登校や発達障害の小・中学生を選抜して、学習のサポートを提供するプロジェクトとして知られている。

三宅先生の計らいで、私はすぐに東大の先端科学技術研究センターの中邑先生にアポを入れることができた。私は、中邑先生は「高機能の発達障害だけを研究対象にしている」と思い込んでいたのだが、実際に会って話をしていくと、中邑先生の研究は、もともと重度の自閉症から始まっていることを知って驚いた。

そこで私は、ずっと感じていた突拍子もない疑問を恐る恐る出してみた。自閉症の専門家に対して、「療育は効果があると思いますか？」と聞くのには若干勇気がいった。するとと彼の口からは意外な言葉が返ってきた。

「**療育は、親が期待するほどの効果を上げるのは、難しいかと思います**」

この言葉は私にとって、天からの啓示であった。ようやく自分の疑念に対する回答を手に入れることができた。それから私はアイムとして、子どもたちにどういう進路を用意したらいいかを聞いてみた。つまり、高校進学とか就労支援の話である。すると中邑先生はニコニコしながらいった。

「自閉症の子どもたちは、常識の外にいる子たちだから、佐藤さん（著者）も常識にとらわれた施設をつくる必要はないと思いますよ。自閉症を変えることはできないから、環境を彼らに近づけた方が早いですよ」

そして最後に中邑先生が、非常に励みとなる言葉をくださった。

「今、福祉に圧倒的に足りないのはプロデューサーです。自閉症の特性を見抜いて、それをどのように経済性に結びつけるかを考えられる人は、福祉業界の中にはいません。佐藤さんのようにビジネス畑出身のプロデューサーこそ、自閉症の未来を切り開いていけますよ」

# ある日のがっちゃん

## その3
## 散歩が大好きの巻

※アメリカでは子どもが1人でいると通報される

## 第4章

# 今までになかった「居場所」をつくる

## 「療育」より大切なのは、「人」

もしアメリカでの9年間の療育に、それほど効果がなかったのであれば、いったいあれになんの意味があったのだ？　これが次の私の疑問であった。そこで私はがっちゃんのロス生活をずっと思い返してみた。そしてあることに気づく。

がっちゃんが通っていた「Step《ステップ》 By《バイ》 Step《ステップ》」という放課後デイは、単純にがっちゃんが楽しそうだから続けていただけだ。家にやってきていたセラピストも同じである。途中からどこかで療育に期待をもたなくなったのだが、それでもがっちゃんにはいいと思って続けていた。なぜならがっちゃんは、家にやってくるセラピストたちとかかわるのが好きだったからだ。

そしてさらに、もっとも重要なことに気づく。**ロスの療育生活でいちばん意味があったのは、療育プログラムそのものではなく、療育を通じてかかわり合えたセラピストたちであった。**内容はなんでもよく、がっちゃんが大好きなセラピストたちと時間を過ごせたこと自体に価値があったのだ。

しかも、がっちゃんが気に入っていたセラピストは、みんな美人ばかりであった。というか、美人ではないセラピストがうちにやってきたことは一度もなかった。みんな知的で明るくて、話をすると楽しい、そういう美人な人たちであった。

もし療育よりも人が大切であるならば、アイムの放課後デイも「人とのかかわり」を提供するべきだと感じた。どんなに療育にくわしい専門家がいたところで、それが地味でつまらないおばちゃんであれば子どもたちは反応を示さないだろう。子どもたちにとっていちばんの療育は、明るい美人だ。でもそれは、子どもが発達障害であろうがなかろうが、全員に共通することだ。子どもたちはみんな、明るい美人が好きだ。こんな単純なことになぜ最初から気づかなかったのだろう。

そこで私は、自分のまわりにいる美人たちに、教室に遊びにくるように声をかけはじめた。面白いことに、美人が教室に入ってくると、自閉症キッズは呼ばれてもいないのに自然とやってくるのだ。私が名前を呼んでも振り向かないくせに、美人が入ってくる時だけはさっとやってくる（笑）。

いつもは飛び跳ねてばかりいて全く落ち着きのない子どもたちが、美人がくると仰向けになってお腹を差し出し、おとなしくなでられていた。ハイパーな自閉症キッズがまるで猫のようにゴロゴロしているではないか！　この光景を見て私は衝撃を受けた。

というわけで、アイムの人事の採用基準は非常にうるさい。第一条件は、まず子どもたちから好かれるということが大事。明るい性格や機転が利く素質は、その人の履歴書の肩書きや、もっている資格に勝る。

だからアイムでは、たとえどんなに人手不足でも、子どもたちと合わない人は採用しないと決めている。なので面接の時に、子どもたちがその人のもとに寄ってくるかどうかが判断基準となる。おかげさまでアイムのスタッフは、「みんな感じがいい」と保護者からも好評だ。当然子どもからも気に入られていて、「ここは指名制か⁉」というほど、それぞれがお気に入りのスタッフを独占しようとする。

でも、もっとうれしいのは、スタッフ自身が、「これまでの職場の中で空気がいちばんいい」といってくれることである。スタッフが楽しめない職場で、子どもが楽しめるわけがない。だからアイムでは楽しいスタッフしか採用していない。

## 自閉症キッズをなめていた!(笑)

アイムでは療育ではなく、子どもたちが自分自身でいられる環境をつくろうと決めた。自閉症キッズが自分自身でいられない強制的な療育プログラムとは、正反対の発想である。繊細で過敏な自閉症キッズにとっては、学校という管理的な環境にいるだけでもストレスになる。だから放課後にわざわざ新たなストレスを加えるのはおかしいと思った。

そこで私は、彼らが自分たちの感情を表現したり、引き出したりできるプログラムを用意しようと考えていた。がっちゃんは、小さい頃から絵を描くのが好きであった。だから思いっきり工作のできる場にしようと思い、教室の真ん中に大きなテーブルスペースをつくった。

その他にも、運動やら音楽やら、何か学習っぽいプログラムもできないかなと考えていた。実際にアイムにやってくる保護者たちからも、習い事教室のようなものを要求されることが多かった。せっかく毎日放課後に通わせるのだから、「家とは違うことをさせたい」といってきた。

親の立場からすれば至極当然なリクエストであり、私もそのような方向性で教室を進めようとしていた。ただスタッフと子どもたちを見ていて、普段のスタッフが教えるのでは無理だと気づいた。なぜなら子どもたちはスタッフに慣れっこになってしまい、なかなかスタッフの指示を聞いてくれないからだ。ここは専門の先生が必要だ。

そこで工作の先生を探していると、「面白そうなイラストレーターの方がいましたよ」と相棒の河野がいってきた。色々な女性雑誌でエッセイ漫画を描いている高橋ユウさんだった（本書でも、イラストを描いてくださっています）。会ってみると偶然、同じ地域に住んでいることが判明。すぐに教室での工作の先生をお願いした。

ところがユウ先生が実際に教室にきてくれるようになってから、予想していなかったことが判明した。自閉症キッズが全く反応してくれないのである。一人だけ、工作好きのヤマトくんは一生懸命昆虫や動物などの絵を描いてくれた。ところが他の子どもたちときたら、全くの知らんぷりである。

がっちゃんに至っては、気が向かないと「ノー！」といって逃げる始末だ。おいおい、キミのために用意したんだぞ、と思うが、大人が考える都合通りには合わせてくれない。時々気が向くと、フラ～とやってくる。そしていわれた工作課題を荒っぽく数分で仕上げるとまた逃げてしまう。

別の時は音楽を試してみたのだが、これにも自閉症キッズは反応しなかった。先生がピアノを弾いて歌ってみても、みんな知らんぷりでマイワールドに入っている。自閉症には聴覚に過敏な子が多いので、「うるさーい！」といって演奏中にキーボードの電源を抜かれてしまう始末だ。

その時に私は、当たり前のことを忘れていた。**しまった、自閉症をなめていた！もし彼らが指示に従ってくれるくらいなら、最初から自閉症なんてやっていない。**というわけで、かっちりしたプログラムを決めようとしていた私があさはかだったと反省した（笑）。

そこで不思議に思うわけである。他の放課後デイのチラシを見ると、1日の活動が30分単位で区切られており、きっちりとしたプログラムが組まれている。本当にその通りに自閉症キッズが動いてくれるのであれば、誰も苦労しない。だからこの謳《うた》い文句は事実なのかと疑問に思う。

もし自閉症キッズが他の放課後デイでちゃんとスケジュール通りに動いているのであれば、ぜひ見てみたいものである。もし本当にそうなのであれば、うちが自閉症キッズになめられているのかもしれない。あるいはそんなできもしないことを宣伝文句で謳っている他社が、自閉症キッズをなめているのかもしれない（笑）。

## そうだ、アップルストアへ遠足にいってみよう！

うちの顧問の三宅先生が、アップルストアの研修も担当しているということは前に書いた。その三宅先生に「アイムの子どもたちもアップルにいってみませんか？」と提案された。そこでアップルの担当者を紹介してもらう。

さっそく銀座のアップルストアにいってみると、4階の広くてかっこいい会議室に通された。聞くと、なんとこんなにかっこいい部屋で、子どもたちに体験プログラムをやってくれるという。

「うちの子どもたちは自閉症などの発達障害キッズですが、大丈夫ですかね？」
「実はうちも、発達障害のお子さんたちがいらっしゃるのは初めてなんですよ。ぜひやってみましょう！」といってくださった。

そこで12名の生徒たちを銀座まで連れていくという、大掛かりな計画を立てる。車での移動は渋滞リスクが高いと考え、電車で移動することに。初めての集団での電車の遠出だったので少しドキドキものだった。

子どもたちがアップルストアに着くと、私たちアイムスタッフの心配をよそに、みんなが奇跡的にもおとなしくテーブルについていた。そしてアップルのスタッフがｉＰａｄをみんなに配って指示を出すと、みんなちゃんとそれに従っているのである!!

これには本当に驚いた。普段教室では人の指示は全く聞かないし、言葉のコミュニケーションも通じない自閉症キッズだ。そんな彼らがアップルスタッフと一緒に、ｉＰａｄカメラとアプリで遊んでいるのである。

それからアップルのスタッフが「次は絵を描いてみましょうね」というと、みんなｉＰａｄで指示されたアプリを開いて絵を描きはじめる。それから楽器のアプリで遊んでみたり、動画編集にチャレンジしたり、みんな熱中していた。

無事にアップルの体験プログラムも終了して、みんなおみやげにアップルのＴシャツとＵＳＢメモリのリストバンドをもらった。アップルのスタッフも「一般の子たちと全く変わらないペースでできましたよ！」とうれしそうだった。

ちょうどこの時、私は出たばかりのｉＰａｄ Ｐｒｏ《アイパッドプロ》を触らせてもらった。体感してみると、思っていたよりも大画面に感じられた。これなら大人と子どもが二人で同時に画面を触って共同作業をすることができる。

私はこれがとてもほしくなってしまったのだが、これがまた12万円と高価なものだ。

（でもどうしても導入したいなー！）と思っていた。ちょうどその時に、不動産を手がけている凄腕《すごうで》の顧問・中澤義哉さんことヨシさんと会食していた。するとヨシさんが帰り際にオファーを申し出てくださったのだ。

「クリスマスだから、アイムの子どもたちに何かプレゼントしますよ」

「12万円のｉＰａｄ Ｐｒｏをお願いします！」

私はすかさず返事をした。すると後日、「アインシュタイン放課後」にｉＰａｄ Ｐｒ

oと電子ペンのセットが送られてきた。この時はとてもうれしくてヨシさんのいる方角に向かって、「ありがとうございます！」と手を合わせてお辞儀をした。

というわけで、私はこのiPad Proを常に持ち歩いて色々と使い倒している。結局子どもよりも私の方が使っているが、いずれこの私の体験が子どもたちに還元されるのであるから、それでよしとしている（笑）。

## VRがやってきた！

なんでも2016年は、VR元年だそうである。パソコンで本格的にVirtual Reality《バーチャル リアリティ》（仮想空間）が使えるようになったのだ。そんな時にうちの顧問の福田淳《あつし》さんからいわれた。福田さんは、株式会社ソニー・デジタルエンタテインメント・サービスの代表取締役。デジタルコンテンツに特化したクリエイティブ事業で知られる会社である。

「ノリちゃん（著者）、VRについて、グーグルのTilt Brush《チルト ブラシ》を調べてごらん」

（いったいそんなもの、どこにおいてあるんだ？）と思っていたら、翌日たまたま遊びにいった友人、河崎じゅんくんのところにTilt Brushがおいてあった！　じゅんくんは、VRとプログラムをメインにした就労支援活動を主宰している。

さっそく試してみると「これはスゴイ！　革命的だ！」と息を呑《の》んだ。なんと空間の中で立体的に絵を描くことができるのだ。自分がまさにキャンバスの中にいて、絵の具で輪を描くと、輪になった絵の具が空中に浮いている。しかもその輪を上からも下からも見ることができる。これはまさに紙と筆の発明以来の技術革新である。

私は完全に時間と空間の感覚を失って、絵の中に入り込んでしまった。これはものすごいことが起きている！　今後の未来のいくべき方向を指し示しているように思えた。私には頭の中が真っ白になるほどの衝撃であった。

これは絶対にうちの放課後デイにもほしい！　と思って値段を聞いた。するとじゅんくんが「セットで35万円しますよ」という。そうか～、35万円か～、とてもじゃないが手が出ないなー。

そんな時に顧問の後藤康徳さんが以前、「面白いものなら寄付しますよ」といってくださっていたことを思い出した。後藤さんは、パンローリング社の代表で、出版と投資・金融の世界で著名な方。そこで、すぐに後藤さんに電話をする。

「VRを寄付してください！」

「それって普通のパソコンでしょ？　面白くないなぁ」

「いや、これが超面白いものなんです！　まさに次世代の世界がそこにあるんですってば！」

「よくわかんないなー。でも、そこまでいうんなら寄付しますよ」

こうして無事に、HTCのVive《バイヴ》（VR用ヘッドセット）とグラフィックボードGTX1080を積んだパソコンが高津の「エジソン放課後」にやってきた。宮前平の「アインシュタイン放課後」の子どもたちはハイパーすぎて、VR機材をすぐに壊すと思ったからだ（笑）。さすがに35万円の機材を投げつけられるわけにはいかない。

セットを終えるとさっそく子どもたちが「何それ、何それ、スター・ウォーズみたい！」と寄ってくる。試しに子どもたちにVRのゴーグルをつけてみると、みんな「おおー！」と興奮。立体でピンポンができたりして、かなりリアルなのだ。

さすがに子どもたちはITの学習能力が速く、一度教えたら勝手に英語メニューをいじって遊び倒すようになった。

実は私がＶＲをほしいと強く思ったのには理由がある。ＶＲを使って自閉症の研究をしたかったからだ。自閉症は多動を伴うので、机に向っていることができないし、目の前の学習にも集中できない。私の仮説では彼らは意識が速すぎて、普通の机と教材ではつまらなすぎて気が散漫になるのだと思う。それに色々な情報をすべて吸収するので、一点にフォーカスするのも難しい。

そんな**彼らがｉＰａｄとかになると座って集中できるのは、ＩＴ機器のレスポンスが彼らの意識のスピードについてくるからである。**実際に彼らの操作スピードは大人よりも断然速い。

それに実際の世界では感覚統合の問題で、自分でコントロールできないことだらけだ。しかしＩＴ機器であれば自分の意思のままに反応を得ることができる。しかもＶＲであればゴーグルをつけることになるため、視覚から余計な情報を遮断して、見るべきものにフォーカスすることができる。

私は今後もこのＶＲを使い倒して、発達障害にどう活用することができるか調べていくつもりである。

## バラエティーに富んだアイムの「顧問」

アイムのホームページの会社案内のページを見ると、顧問及びアドバイザーのリストが載っている。このリストを見るとみんな、「ここはいったいどういう会社なんですか⁉」と驚く。それもそうだ。福祉の事業をやっているのだが、ほとんど福祉業界とは関係ない実業界の面々が揃《そろ》っているからだ。

最初に顧問を買って出てくれたのは、先のソニー・デジタルエンタテインメント・サービスの代表・福田淳さんだった。教室を準備している時に、「ノリちゃん、何かすごいことやるじゃない。顧問になってあげるよ」と電話をくださった。

吉野敏明先生は、歯科医の業界の中では著名なカリスマドクターとして、世界中を飛びまわっている。私が放課後デイを始めた頃に、大きな精神科病院の経営再生のために理事代表になられた。そんな流れもあって、吉野先生からは医療方面で色々と助けていただいている。

障害者のためにｉＰａｄのアプリを処方している三宅琢先生は、Studio Gift Handsの代表でもある眼科医だ。また、どうすれば、ＩＴ機器を障害者の生活向上に役立てられるか、大学研究員として研究をしている。クライアントにユニクロなどの有名企業を抱えながら、アップルストアの研修のために全国を飛びまわっている。

音を処方する音楽療法士の加藤みのるさんもリストに加わっている。癒《い》やし音楽の先駆者でもあり、音と人の関わりを研究しておられる。

放課後デイをつくると決めた時にまっさきにアドバイスをもらいにいったのが、ＪＴＱ株式会社代表の谷川じゅんじさんだ。谷川さんの空間プロデュース力は業界でも定評があるので、将来のアイムの施設に関してもアドバイスをもらっていくつもりだ。

女性ならイスラエルの石鹸ブランドであるＳＡＢＯＮ《サボン》をご存じだろう。そこの日本法人の代表・黒石和宏さんにも顧問をお願いしている。アルバイトからスターバックスコーヒージャパン株式会社の本部長まで上り詰めた凄腕の実業家だ。将来はアイムの就労支援で小売業が重要になってくると思い、マーケティングの知恵をお借りしようと思い、お願いさせていただいた。「そんなたいそうな肩書きいらないから、何か別の名前で呼んで」ということでアドバイザーという称号をつくった。

同じくアドバイザーとして入ってもらっているのは、マーケティングで著名なコンサルティング会社の役員、斎藤武一郎さん。彼の事業立案力は優れていて、一時期はロスでCG製作会社を経営していた。彼とはロス時代からオフィスが隣同士の関係であった。

そして元ソフトバンクの役員で、現在はあの孫正義さんの弟である孫泰蔵さんのベンチャー企業を支援する会社Mistletoe《ミスルトウ》の代表取締役の大蘿淳司《たいらあつし》さん。こちらはかつて私が勤めていたヤフー・ジャパン時代からのお付き合いで、偶然近所に住んでおられたことが発覚してお願いさせていただいた。

それから出版会社であるパンローリングの後藤泰徳社長、IT会社の社長として有名な如月音流《きさらぎネル》さん、障害者のアートギャラリーFOSTER《フォスター》を主宰している杉本志乃さんもそうだ。マニアックなメンツとしては、デジタルメディア研究所所長の橘川幸夫《きつかわ》さんがおられる。音楽雑誌『Rockin'《ロッキング》 on《オン》』を創刊した方だ。

そして東洋大学の総合情報学部・准教授の藤本貴之さんにも、顧問をお願いしている。

いずれもデジタルとメディアの関わり合いに熟知しているので、ともに子どもたちのデジタルとの関わり方についてリサーチをしてみたいと思っている。

アイムでは、就労支援を視野に入れている。「売れる就労支援」をつくるためには、福祉業界ではなく実業界の経営者のアドバイスが必要になってくる。それを見越してアイムでは天才経営者、天才研究者の方々にご協力をお願いしている。

ここでみなさんにこっそり教えてしまうが、アイムの顧問の条件は「無給で協力する」「時々、ノリちゃんにおごる」の二つである。最近では、寄付もおねだりされることに気づきつつ、受け入れてくださる優しい顧問の方々である。では顧問の報酬は何かというと、これだ。

「子どもたちのスマイル、プライスレス」

## 放課後デイは日々の積み重ねである

宮前平に「アインシュタイン放課後」をオープンした当時は、思ったように子どもが集まらず、相棒・河野と二人で教室をたたむべきか真剣に議論したものだった。最初は子どもは2、3名しかおらず、本当に教室が賑《にぎ》やかになる日がくるのかな？　と思っていた。

それから徐々に生徒が増え、気づいたらその年（2015年）に「かながわ福祉サービス大賞」の特別賞を受賞することになった。この頃から、遠方からも色々な方が見学に訪れるようになった。だが何よりもうれしかったのは、保護者から感謝の手紙などをいただくようになったこと。それだけ子どもが楽しんでくれているということの証《あかし》だ。

宮前平の教室「アインシュタイン放課後」がオープンしてちょうど1年経った時、二つめの教室を同じ沿線につくることにした。なぜなら宮前区の隣である高津区エリアからの問い合わせが多かったからである。さらに将来は、溝口《みぞのぐち》周辺に集中して自閉症のインフラを整えたいと思っていた。いずれは高校（フリースクール）や就労支援施設、グループホームなどを用意したいと思っている。

二つめの教室である「エジソン放課後」は、かなり変わったデザインになっている。もともとは古い住居だったのだが、壁をぶち抜いて広い一つの空間をつくり上げた。それから壁を青、オレンジ、緑色などの原色で塗って、押し入れも黄色や水色に塗っていった。そして広間の天井には9つのシャンデリアが並んでいる。

シャンデリアには結構お金がかかったが、「大人が長居したい空間」というコンセプトのために必要だと思った。何事も中途半端ではダメで、振り切らないといけない。おかげでこの教室にはよく保護者や友人たちがフラリと遊びにやってくる。そして何より重要なのは、生徒たちがこの空間を気に入ってくれていることだろう。

両方の教室ともそれぞれの子どもたちに大人気だが、実は一つだけ運営上困ったことがある。それは子どもたちが帰宅時間に「帰りたくない」とゴネることである。送迎時間がずれるといけないので、スタッフは毎回子どもたちを教室の外に連れていくのに苦労している。でもこれも、子どもたちが放課後デイを楽しんでくれているという証拠だ。

私はいつもあわただしく帰宅の用意をする子どもたちとスタッフを見ていて思うことがある。それはアイムが手がけている事業は「日々の日常の積み重ねである」ということ。

幸いなことに、色々な専門家の方が見学にきてくださり、関心をもってくださる。また遠方からうちに通ってくれている保護者が教えてくれたのだが、地元の放課後デイから「業界の中で今注目されているアインシュタインさんに通えるのはラッキーですね」といわれたという。それを聞いて河野と二人で「注目されているんだー!」と驚いた。

アイムのスタッフも私も、日々の業務を淡々とこなしているだけである。そこで何も特別なことはやっていない。おそらく子どもたちも、教室で毎日何か特別なことをやっているわけではないと思う。毎日ミラクルが起きて、子どもが突然、劇的な変化を遂《と》げるということも当然ない。

しかし毎日の当たり前な日常を積み重ねていくことによって、少しずつ前進していく。そしてあとで後ろを振り返った時に「大きな奇跡を起こしたんだ」と気づくのだろう。ただ今はまだ振り返る時期ではなく、目の前にある計画を遂行するのに忙しい日々が待っているだけだ。

最初はがっちゃん一人のために始まった放課後デイだが、今では教室に通っている子どもたち全員のための放課後デイだ。そして彼らがアイムで毎日充実した日々を積み重ねてくれるのであれば、こんなにうれしいことはない。

# ある日のがっちゃん

その4
その静けさが刺激的の巻

第５章

# 日本の福祉と学校は、なぜダサい？

# 最大の問題は、福祉にセンスのないこと

私が息子のために放課後デイをやろうと思ったのは、単純な理由からだ。それは日本の福祉の受け皿がダサいと思ったからである。それ以上でもそれ以下でもない。9年間のアメリカ生活を経て、自分の息子のために施設を見学してまわった時、私はひどく衝撃を受けた。以前から「福祉業界は地味そうで、殺伐《さつばつ》としていそうだな」とは感じていたが、まさかここまでとは思っていなかったのだ。

施設が無味乾燥で地味であれば、そこで働いている福祉業界の人材に関しても、失礼ながら同じことがいえる。地味なだけでなくオーラも色気もゼロ。支援学校の先生を含めて、なぜ福祉業界はこんなに味気ないのか驚く。意図的に華を殺しているような雰囲気さえ伝わってくる。そんな施設をまわっていて、こんな殺伐としたところで、自分自身が長時間過ごしたいとは思わなかった。当然がっちゃんも、そんなところで時間を過ごしたいわけがない。それならば親として、自分が納得できる受け皿をつくろうと思っ

たわけだ。

私が見た範囲でいうと、なぜ福祉施設にはこれほどまでにセンスがないのか？　それは福祉業界の人材にセンスがないからだろう。なぜそうなるかというと、おそらく自由競争になじまない人たちが、福祉業界に入ってきているからである。

一般企業の競争社会の中で勝ち抜くには、営業センスや企画センス、クリエイティブセンスが求められる。そのためセンスがない人は、最初からこの競争に参加しない。これは福祉業界に限らず、親方日の丸の公務員と教員にもあてはまるのではないだろうか。従って区役所も学校も、センスのないところが多い。

そして福祉業界の人たちには、資格が必要だ。競争をすることではなく、資格を増やすことで待遇がよくなるからだ。ところが資格取得には、センスが問われることがない。必要なのは勤務年数と研修だけである。よってその資格は、その人のセンスも人格も担保してはいない。

にもかかわらず、福祉業界は常に人手不足だ。そしてすぐに他社から声がかかるため、売り手市場であることから、センスはないのに、プライドだけは高くなってしまう。

実際、この仕組みが現在の福祉の進化を阻害している原因であり、自閉症に対する対応が追いつかない理由でもあると思う。私から見ると、自閉症は次世代の新しい障害だ。つまりこれまでの障害とは違った次世代の障害である。この新しい難問にセンスのない人材が取り組めるとは到底思えない。

当然のことながら、このセンスのなさは「売り上げを出せない就労支援施設」を乱立させる要因ともなっている。利用者がセンスのない内職作業をやらされ、時給100円しかもらえないというのは、全くもって理解できない。

**アイムのコンセプトは、「福祉にセンスを」である。**おそらくこれが、福祉業界出身でない私が提供できる新しい視点である。そのためアイムがかかわる施設と人材にはセンスを求めるし、センスのないことをうちの子どもたちにやらせる気はない。

## 牛乳パックでゴミ屋敷のようになる

私がアイムのスタッフに強く注意していることが二つある。一つめは、備品を買う際に、「安いから」といって、センスの悪いものを買ってきた時。二つめは、効率の悪いことをやっている時だ。後者は、センスが悪いために、効率が悪くなることに気づいていないからだ。いずれにせよセンスが悪いことをすると、アイムでは注意の対象となる。

支援学級の教室に入るとわかるのだが、どことなくガラクタっぽい工作がおいてある。これは私の見たどこの支援学級でも同じで、たいてい子どもたちのつくった工作品が飾ってある。時々バザーで出したのか、値段がついている。駄菓子ぐらいしか買えない値札しかついていないのだが、売れ残ったらしい。それも仕方ない。なぜなら、申し訳ないが、ガラクタにしか見えない作品だからだ。それは子どもの腕というよりも、先生によるアートディレクションのセンスの問題だ。

アイムを立ち上げて間もない頃、支援学級の先生であったスタッフが、生徒たちに工作をさせてもいいかと聞いてきた。それから彼は、翌日から折りたたんである牛乳パックをもってくるようになった。しかも毎日である。

初めのうちは私も、水をさしては悪いと思い黙って見ていたのだが、毎日増えていく牛乳パックの山に耐えられなくなった。女性スタッフたちは誰も何もいわなかったが、スーパーのビニール袋と牛乳パックの山を見て失笑していた。だいたい彼がいつどうやって、こんな大量の牛乳パックを家にストックしているのか不思議だ。ある日、ついに我慢できなくなり、注意をした。

「すみませんが、牛乳パックはもうもってこないでください。大量にあって、ゴミ屋敷みたいなんで」

「子どもたちは、箱の工作を喜ぶんですよ」

「そういう問題ではなくて、センスの悪いものはやめてください」

彼は不満そうだったが、めげることなく次の提案をしてきた。

「ペットボトルで弓矢をつくります」

そういうと、翌日からたくさんのペットボトルをもってきはじめた。しかもペットボトルに穴をあけて輪ゴムをつけて、ストローの弓矢セットをつくっている。かさばる上に、どう見てもガラクタにしか見えない。さすがに今度は女性スタッフも、「う～ん……」と唸《うな》っていた。

「すみません、これも、センスが悪いのでダメです」

「そうですかね」

「こんなガラクタを子どもが家にもって帰ったら、お母さんたちも困ります。捨てるわけにもいかないし、飾っておきたくもないですよ。子どもたちに工作をさせるなら、お母さんたちも喜ぶようなセンスあるものにしてください」

「私が支援学級で段ボールの工作をやらせた時は、子どものお母さんは喜んでいましたよ」

「いえ、うちの保護者はもっとオシャレなので、喜びません」

次に出てきたのは、工作に使うので、「ラッピングペーパーを買いたい」というリクエスト。「もちろん、どうぞ」といったら、たくさんのラッピングペーパーのロールをもってきた。しかしよく見ると、全部古くさい柄《がら》の千代紙である。……どうして支援学級の工作で使うのは、いつも必ず千代紙なのだろうか？

「クリスマス用のラッピングペーパーの方が、オシャレじゃないですか？　千代紙はセンスがないからやめてください」

するとこれまでのダメ出しがたまりたまったのか、彼がムキになって反論してきた。

「佐藤さん、いつも私にセンスがないっていいますけど、センスなんて個人差があるでしょう。佐藤さんの好みで私がセンスないといわれるのは心外です」

「いいえ、センスのある私が、センスがないといっているのですから、それはセンスないです」

強引な理屈だったが、ここで千代紙に負けるわけにはいかない。しかし私は、はたと気づく。センスのない人に「センスよくやってくれ」ということが無意味であることを。センスがある人ならその時点で気づくわけで、ない人にいくらいったところで気づくわけがない。味オンチにおいしい料理をつくれ、というのと同じくらい無謀な話だ。私は、自分に指導センスがなかったことに、ちょっと反省、であった（笑）。

## すぐにラベルを貼りたがる

放課後デイの立ち上げを準備している時のこと、ある福祉関係の友だちからこういわれた。

「福祉出身の人は、あまり雇わない方がいいよ」

「え、なんで？　福祉施設だから福祉出身の人がいいんじゃないの？」

「福祉に長い人は、自分なりの福祉の考え方が強すぎるんだよね。だから頑固だし、ノリちゃんのいうことも、きっと聞いてくれないよ」

この予告は、実際に福祉業界出身者を雇った時に、まさにその通りとなった。**福祉業界の人はよくいえば思い入れが強く、悪くいえば独りよがりな思い込みが激しい。**さらに、「福祉とは患者（弱者）を管理するもの」とでも思っているのか、対象者に何事も過剰に介入しようとする。**よくいえば丁寧な支援であり、悪くいえば過剰なおせっかい焼きだ。**

相手が高齢者の介護であればそれでいいのかもしれないが、自閉症キッズへのアプローチは正反対だ。彼らは自分のペースでやりたいから、大人からの干渉を嫌がる。そして何よりも私が人からの干渉を嫌うタイプなので、子どもの味方をすることになる。

福祉業界出身の人がうちに入ってくると、たいてい同じことをいう。

「子どもたちの荷物置き場に、ラベルを貼りましょう」

「(出た！　そのおせっかい精神！)……うちはラベルは貼らないポリシーだから」

私は棚などにラベルを貼りまくるのが嫌いなのだ。

「でも荷物をおく場所を決めておかないと、子どもたちはパニックを起こします」

「ごめん、幼稚園や保育園以外のどこの世界に、子どもたちの名前をラベリングする世界があるの？　そんなものないから、慣れてもらうしかないよ」

「でも自閉症の子たちは……」

「はい、ストップ。うちの教室で、ラベルがないからといってパニックを起こしている子どもはいますか？」

「……まだいないです」

「だったら、パニックを起こす子どもが出てきてからいってください。なんで事が起きる前からそんなに心配するの？」

福祉出身者は、とにかくなんでも構造化したがる傾向がある。業界では、「すべて構造化しろ」とでも教えているのだろうか？　そのおかげか、放課後デイでも子どもたちの活動をすべて時間で区切り、管理したがる。そしてすべての棚にラベルを貼り、たくさんの表をつくり、すべて決まった手順で物事を運ばせようとする。「予測不能なことに対しては、子どもたちがパニックを起こす」という考えだ。

しかしここまで細かく管理をすると、逆に子どもたちは変化に対応できなくなる。社会には当然、そんなにきっちり構造化された環境が整っているわけもない。その時初めて、子どもたちは本当のパニックを起こすだろう。だから私は、子どもたちが社会に出てからもたくましく育つように、普段から小さなストレスに晒《さら》して、免疫をつけさせた方がいいと思っている。

というわけで、アイムに福祉業界出身の人材が入ってくると、いつもこのレクチャーをすることになる。「うちでは荷物棚に子どもの名前のラベルを貼りません！」。

## おやつの時間まで管理されちゃうの!?

福祉の人は、名前のラベルだけでなく、すべてを管理したがる人が多い。

これも、教室をオープンしたばかりの頃の話。私が教室に入ると、福祉出身のスタッフが、大きな声で泣き叫ぶ子どもを相手に説教をしていた。

私はその光景を見て、「そもそも説教が通じる相手でないでしょ」と内心ツッコミを入れながら尋ねた。

「何が問題なの？」

「この子だけ、おやつの時間を守らずに先に食べようとするんですよ！」

「は？　おやつの時間なんて誰が決めたの？」

「みんなちゃんと、同じ時間におやつを食べるべきです」

子どもたちはみんな学校が違うので、それぞれうちの教室に着く時間も違う。この子はみんなより1時間早く教室に着いたので、お腹をすかしていたのだ。だいたい大人の私だって、他人からおやつの時間を一方的に決められたら不愉快である。

「いやいや、やめて。この子は他の子より早くうちに着いたわけだから、先に食べてもいいに決まっているでしょ」

それからこのおやつ議論は、このスタッフとの間でだんだんとヒートアップしていった。これまでビジネスの現場で戦略を練ってきた自分が、なぜ子どものおやつ時間について激しい議論をしないといけないのか、内心グッタリしながらいった。

「何度もいうけど、おやつは好きな時に食べていいから！」

「それでは平等ではないです」

わー、また出た！　日本人は平等という言葉が大好きである。学校でも平等を強調するあまり、かけっこの順位をつけない時代もあったくらいだ。しかし社会に出ると、そこには競争社会が待っているわけで、なんたる矛盾であろうか。

そのうち「おやつの時間」議論は、「おやつの内訳」の議論へと移っていった。

「この子はなんで、そんなに泣いているの？」

「おやつはクッキーとおせんべい1枚ずつだと決まっているのに、クッキーが嫌いでおせんべいを2枚食べようとしたからです」

「え？　おやつの内訳まで決めているの？　おせんべいが好きなら二つあげればいいじゃん。うちはおせんべいを一つ多くあげたくらいでつぶれるような経営はしてないよ」

「どの子も同じおやつにしないと、平等ではないです」

出た！　また平等というその言葉。

「ごめん、平等の意味をわかっている？　違う能力をもつ子たちを、同じに扱おうとすることと自体が不平等だよ。**平等よりも大切なのは公平（フェア）。**おやつは何時に何を食べてもよし。肝心なのはすべての子どもが、平等におやつにアクセスできることが重要なの」

日本人の発想は「結果平等」である。つまり最終的にすべての人が同じゴールに着地することが重要である。

欧米の発想は「機会平等」である。結果はどうであれ、すべての人に「スタートラインに立つ機会」が平等に与えられることが重要なのである。

国民性の違いがあることは認めるが、私にはどうしても、教育の現場の中に浸透している「平等精神」は、本来の意味から外れていると思えてならない。全く違う気質の自閉症キッズを揃《そろ》えて、平等に全く同じ扱いをしようとすることこそが、全くの不平等だと思うのだが。

読者のみなさん、これは平等な意見でしょうか？

## 色気を抜こうとする禁欲の世界

アイムでは、「女性スタッフはみんな、だんだんキレイになる」という定評がある。どういうわけだか、うちの教室で働きはじめると、フェロモンが出はじめるようなのである。これには保護者も驚くくらいだ。

「色気」というのは福祉に限らず、どの場面でも大切である。どんな子どもも、色気のない親やスタッフより、色気のある方がいいに決まっている。ショップや車のデザインだって、セクシーさや色気は大切だ。

**色気は生命の基本であり、色気を否定することは、自然の摂理を否定することと同じである。**ペットの毛並みのよさだって、美しい花だって、色気があるからこそ存在意義がある。色気がないものは、「自然界では存在価値がない」とみすみすいっているようなものだ。

で、あえていわせていただくが、福祉の関係者を見ていて思うことがある。

「どうしてこう、色気というものがないんだろう」

現場から色気をいかに抜くかが、業界の使命なのであろうかと疑いたくなるぐらい、地味である。まるで現場から華を殺そうとしているようだ。こんなことだから、福祉業界のイメージが低下してしまうのではないだろうか。

福祉業界の感覚と一般社会の感覚には、大きなズレがあると思う。これは福祉が閉ざされた環境だから、そのギャップに気づかないのだろう。あるいは、もともと気づくことのできない人材が福祉に流れ込んでいるのだろうか。

アイムにも福祉業界出身の人材が入ってくると、先の「名前ラベル」とともに、服装の議論が勃発《ぼっぱつ》する。アイムではスタッフの服装に関しては「ダサい格好でくるな」という指示しか出していない。しかし福祉業界出身のマネージャーがうちにやってくると、スタッフに「派手な服を着てくるな」と注意をしはじめるのだ。

一度うちのマネージャーが若い女性スタッフに、「ミニスカートをはいてくるな」と指示を出したことがあった。私は「ミニスカートの方がいいに決まっているじゃないか」と説教した（笑）。子どもだって、キレイなお姉さんのミニスカートの方が喜ぶにきまっている。

するとマネージャーの彼女がムキになっていった。

「私は子どもからスカートをめくられないようにいつも見張っています。胸も見えないようにかがみません！」

福祉出身の人は、性に対して異様に過剰反応する傾向がある気がする。加えてこのマネージャーは意識過剰だ。「キミは中世の修道院から出てきたのか？」と首をかしげてしまう。私はいい返してやった。

「そもそも子どもがあなたの胸を見たいかどうか自体が疑問！」

するとまわりのスタッフが、パソコンを見ながら笑っていた。もしかするとこの発言は、セクハラにあたるのかもしれない。しかし私からすると、性に対して過剰反応する方が逆セクハラである。いちいち性を強調する方がいやらしいと思う。

服装の注意はこれだけではない。安全性を盾《たて》に、「イヤリングやネックレスは危険だから外せ」といい出す始末だ。それと動きやすい服、ということで、「ヒラヒラのスカートはやめましょう」とかいいはじめる。もちろんこれらはナンセンス極まりない指摘なので、福祉出身のマネージャーには、「スタッフの服装に関する指示を一切出してはならない」というルールを設けた。

まず動きやすい服であるかどうかは、着ている当人が決めるべきことである。それからアメリカでは、福祉関係者も学校の先生も、みんなオシャレでセクシーな格好をしていたし、当然のことながら、それを注意するような人はいない。イヤリングもネックレスもしている。そこまでネックレスが危険というならば、日本の福祉現場はアメリカの現場よりも何か危険があるとでもいうのか？

アイムでは、私の社長権限で、福祉の理不尽な慣習を覆《くつがえ》すことができた。しかし福祉業界の中には、そういった上司の指示のもとで、現場で苦労しているまっとうな感覚の持ち主がたくさんいると思う。

最後にこの福祉出身スタッフの名誉のためにいうと、教室のために一生懸命貢献してくれていた。ただ、長年働いてきた福祉業界のカラーが抜け切れなかったのだと思う。もっとも逆にこのスタッフから見れば、私こそ「なんて理不尽な上司なんだ！」と思われていたに違いないが（笑）。

## 「やってみよう」でなく「やらないでおこう」

福祉業界の掟《おきて》は、「リスクをとらない」ではないかと思える時がある。

福祉業界出身者は、とにかく何かにつけて「リスクが、リスクが」という人が多いと思う。まるでＩＴ企業のサーバールームのセキュリティ担当レベル並みである。だから福祉業界出身の人は何事につけても「それはやめておこう」という発想しかなく、「やってみよう」というチャレンジ精神がないのではないだろうか。ここらへんは学校の保守的な先生方にも通じる気質だ。もっともこれは、お役所気質だから仕方ないともいえる。

しかしこの世に生まれてきた以上、リスクのない世界なんてない。「リスクが、リスクが」といっていたら、何もできなくなる。

もちろん、生命に関わることはリスクをとるべきでない。しかし生命に別状のないリスクなら、許容範囲の中でチャレンジしていくべきだ。だからうちでは積極的に色々なチャレンジをしてみる。例えば、自閉症キッズを連れて、みんなで映画館にいったりする。最初は無謀とも思えたが、実行してみたら案外平和であった。面白い映画に夢中になって、誰もウロウロ席を立って歩きまわったりしない。

BBQ《バーベキュー》大会を初めて企画した時も、最初はみんな心配した。ただでさえハイパーな自閉症キッズが、野外に解き放たれたらどこに脱走するかわからない。ところが実際にBBQ大会を決行したら、キッズたちはおとなしく、テントの中で肉を食べながらくつろいでいた。

アイムの子どもたちには、外界のリスクに勇敢に立ち向かってもらえるタフさを身につけてほしいと思う。世間はそう甘くないし、そう親切でもないからだ。だから積極的に外に連れ出す。でも過去には、「一切外に出さないでくれ」とリクエストしてきた保護者もいた。

私は物事の基準を、いちばん低い人に合わせて設定するつもりはない。一人の保守的な意見によって、他の10人の機会が損失されてはならない。そもそも低い人に合わせて、全員のレベルを下げること自体がナンセンスである。だからアイムの方針に合わない家族には、残念だが辞めていただいてもかまわないと思っている。

一つだけいえることがある。**小さなリスクへのチャレンジの積み重ねが、成長を促す。**小鳥だっていつかは巣から飛び立たないといけない。ペンギンの赤ちゃんだって、いつかは海の中に潜らないといけない。だからあまりにも保守的で過保護な人にはこういってあげたい。

「実は生きていること自体がリスクなんですよ。いちばん安全なのは、死後の世界ではないでしょうか」

## やたらと神経質な療育センターと教育委員会

友だちのヤングママと食事をしていた。彼女には1歳の男の子がいたのだが、いきなり療育の質問をしてきた。どう見ても発達障害には見えなかったので、「どうしてそんなに療育のことを聞いてくるの？」と聞くと、「うちの子、言葉が遅いから心配なので」という。

「いやいや、何いっているの？　まだ1歳でしょ。名前を呼んだら振り向くし、おとなしく座っているし」

「でも療育って、2歳までに始めないといけないものなんでしょ？」

私は少し呆《あき》れた。確かに療育は早い方がいいとされているが、それにしてもちょっと神経質すぎないか？

しかしこの女友だちの神経質問題は、他の保護者どころか、福祉関係者、教育関係者の間にも通じる傾向であった。放課後デイを始めて半年ぐらい経って驚いたのは、どう見ても発達障害には見えない子が、親子面談にくるようになったことである。

それまでは、自閉症のお手本のような子どもと家族ばかりが面談にやってきた。多分、がっちゃんの自閉症エピソードをホームページで読んで、同じ境遇にあった家族が最初に反応してくれたからだろう。しかししばらくすると、自閉症には見えない子どもたちがお母さんに連れられてくるようになった。

そしてある日も、そういう親子が面談にやってきた。今年から小学1年生になるという、わんぱくそうで活発なお子さんだ。しかし明らかに自閉症ではない。自閉症ではない子は、目を見ればすぐにわかる。私はその子に何もいわないで、こっちから手を空中にかかげてみた。相手も手を上げ、すぐにパシッとハイタッチをしてくれる。うちの子のような自閉症であれば、そんなものはまず無視である（笑）。

しかもそのお子さんに名前を呼んで年齢を聞くと、しっかりとこちらの目を見て自己紹介をしてくれる。これはどうみても「普通の子」である。

聞くと案の定、普通学級、つまり普通のクラスに通っているという。

「じゃ、何が問題なんですか？」

「ADHDだと診断されたので。この子、多動症で……」

**出た！　多動症という便利で、曖昧《あいまい》な言葉！**　私は思うのだが、ほとんどの活発な子どもは多動症に入ると思う。私自身も小学生の時は親子面談で毎回、「私語が多すぎる」「授業に集中していない」と先生から注意をされていた。おまけに私が通っていたアメリカの小学校では、毎日ケンカをして校長室に連れていかれていた。明らかに多動症であり、今なら支援学級に入れられるところだ。

話は大きく逸《そ》れるが、アメリカや日本のようなビジネス先進国では、「セキュリティ」と「コンプライアンス」という言葉が主役になりつつある。この二つは売り上げとはなんの関係もない言葉で、企業を数多くの規制や管理で縛りつけ、身動きがとれなくしてしまう。

産業自体が新しく、すべての起業ベンチャーの売り上げが伸びている時は「管理」は後回しになる。しかし産業や企業が成熟してくる（つまり売り上げが飽和して暇になる）と、やたらとリスク管理という言葉が出てくるようになる。

これと同じ理屈で、先進国で社会が成熟して物事全体を管理するフェーズに入ると、教育現場でも管理することがメインとなる。つまり先進的に攻めるのでなく、ひたすら守りの姿勢に入るということである。昨今の教育関係者の社会的ステイタスが落ちたのは、このせいであると私は考えている。

いずれにせよ、教育関係者も福祉関係者も、近年になってから急に「発達障害を管理すること」に異様にフォーカスしはじめた。彼らの言い分は、「特別なニーズのある子どもに集中したケアを施すため」である。しかし私から見ると、その真意は「徹底管理された授業の邪魔をする子どもを隔離したい」である。しかしこれは学校単体の責任でもないと思っている。一般保護者・教育関係者を含めた社会全般が、イレギュラーなものに対して不寛容になっているのだ。

## 通級《つうきゅう》なるものをご存じですか？

「最近、うちの放課後デイに支援学級ではなく、通級に通っている子どもたちが増えてきた」という話をすると、まわりの人はみんな「通級って何？」と聞いてくる。実際に私もこの業界に入ってから、「通級」というものがあるのを初めて知った。

うちのがっちゃんは重度の自閉症なので、一般の公立中学校にある特別支援学級に通っている。彼より重度になると、通うのは特別支援学校となり、ここには障害をもっている子どもしかいない。そして一般のクラスに通っているのだけど、ちょっとグレイゾーン（発達障害の傾向）で、障害が軽度の子どもが「通級」に通うことになる。

通級はすべての学校にあるわけでなく、区や市町村で指定された特定の学校にある。

そして支援が必要と思われる子どもは、週に何日かこの通級に通う。問題はこの送り迎えを親がするため、母親は「専業主婦」であることが前提のようになっている。

私は最初、この通級とは補習のようなものだと思っていた。普通学級の授業についていけるけれど、若干遅れ気味であるので、特別指導を受けているのかなと思っていた。ところが通級に子どもを通わせている保護者と話していて、驚いた。

ノリ「通級では、お子さんが苦手な科目を個人指導してくださるのですか？」

お母さん「違いますよ。通級では療育をやるんですよ」

ノリ「え？　おたくのお子さんに療育を？　普通の授業についていけているし、普通に会話もしているのに何を療育するんですか？」

お母さん「SST（ソーシャル・スキル・トレーニング）ですよ。例えばどうやってお友だちと会話をするか、とか」

ノリ「どうやって友だちと会話をするか、教えるんですか？」

お母さん「他の子にいきなり話しかける前に〝トントン〟として、〝ねえねえ〟と声をかけるとか」

ノリ「え――――‼」

そこまで学校は神経質なのか？　と心底驚いた。昔から少し変わった子どもなんて常にいたではないか。そもそも普通学級に通えている時点で、ＳＳＴの必要性があるとは思えない。あとは性格の問題で、本人が社会の中で習得していくべきものだと思う。

ちなみに放課後デイは、障害者手帳をもっている子どもが利用できるサービスである。ただし障害者手帳をもっていなくても、支援を受けるための「受給者証」というものを申請すれば同じように利用することができる。とくにこのグレイゾーンの子どもたちは、障害者手帳が必要なほどの障害をもっているわけではない。

というよりも、**私はこの通級の子どもたちを、「他の子どもより少し変わっているから」といって「障害」扱いする姿勢が嫌いである。**普通の子どもと違うということは、将来、普通以上の成果を生み出すかもしれない天才的な変わり者かもしれないのだから。世の中で大成した有名人物は、たいてい変わり者であり、変わった学生生活を過ごしているものだ。

ただ一ついえるとしたら、うちの放課後デイにいる通級通いの子どもたちを見ていると、確かに集団行動になじみにくい子たちではある。だから学校や放課後の学童保育で、大勢の生徒と交流するのが若干難しかったりする。そういう意味では、私は彼らがくつろいで、自分の感性を発揮できる場所を提供したいと日々考えている。

## 子どもの問題行動を先生から注意されて悩む保護者

保護者からの悩みで微妙に難しいのが、子どもが普通学級に通っている、グレイゾーンの発達障害の場合である。うちのがっちゃんみたいに、あまりにも「普通」からかけはなれている自閉症キッズの親から見ると、たいした問題には思えない。会話もできるし、きっと将来、就職することも可能だろう。とはいえ、多分「普通」に近い分だけ、親の方も開き直れず、フラストレーションがあるのだろう。

この日も、面談にきたお母さんが深刻そうに悩み話をしてきた。聞くと学校での子どもの問題行動に対して、先生からたびたび呼び出され、注意を受けているという。

ノリ「息子さんは、どんな問題行動をすると先生がいっているのですか?」

お母さん「うちの子は多動症なので、教室で静かに座っていられない、と」
ノリ「……そんなことでいちいちいわれるんですか？　私も子どもの頃は同じでしたよ」
お母さん「それだけじゃないんです。勝手に教室の引き出しを開けてまわるので」
ノリ「好奇心が強いだけじゃないですか。行動力もあって、いいんじゃないですか？」
お母さん「それだけじゃないんです。他にも問題行動があるって先生が」
ノリ「他にまだ深刻な問題があるんですか？」
と、前かがみになり、私も半分茶化した感じでつい会話に乗ってしまう。だって、どれもたいした問題ではないのに、お母さんが深刻そうにしているので、興味深い。
お母さん「うちの子、絵の具の筆の先をなめるんです」
ノリ「……（唖然《あぜん》）。絵の具の筆を、なめるだけですか？」
お母さん「絵の具の水につけたあとに、ですよ。先生がよくないからやめさせるようにって」
ノリ「別にそれくらい、どーでもいいじゃないですか」

お母さん「いいんですか？」
ノリ「青酸カリとかの毒をなめているわけでもなし。お子さん、たんに好奇心が強いだけじゃないですか。だいたいおいしくなければ、そのうちなめるのはやめるでしょ」
お母さん「でも先生から、毎回呼び出されて……」
ノリ「はいストップ、お母さんそこまで。先生にいわれたっていいじゃないですか。うちは、それでかまいませんって、いえばいいじゃないですか」
お母さん「でもそんなことといったら、協力的ではない親だって、先生から思われるじゃないですか」
ノリ「**それはお子さんの問題でなく、お母さんの世間体の問題ですよね。**子どものためといいつつ、実はお母さんのためじゃないですか」
お母さん「……まぁ、いわれてみれば、そうなってしまいますね。でも学校の先生にはご迷惑おかけしたくないし」
ノリ「いいんじゃないですか、迷惑かけても。そのためにおたくも税金を払っているわけで、それで行政は公務員である教員を雇っているわけでしょ。少しぐらい、働いてもらってもいいと思いますよ」

お母さん「とはいっても、学校の先生からうちの子が問題だっていわれると……」

といって、お母さんはしくしく泣く。私は半分呆《あき》れていった。

ノリ「だいたいね、お母さん。うちらのような民間企業の印象では、学校の先生ってあまりデキる人材は多くはいませんよ。だって社会経験も少ないし、自由競争を最初から捨てている、安泰思考の公務員じゃないですか」

お母さん「そんなことといっちゃって、いいんですか？」

ノリ「もちろん、先生がみんなそうだといってるわけではないですよ。でも、そんなアホなことをいってくる先生なら、いっちゃっていいんじゃないですか？」

お母さん「……はあ」

ノリ「だから、そんな先生からお子さんのこと注意されたぐらいで、何を悲しんでいるんですか？　泣くほどのことじゃないですよ」

お母さん「そうですよね、ありがとうございます。……なんか、肩の荷が軽くなったようです」

そういうと、お母さんはパッと笑顔になり、帰っていかれた。

思うのだが、**多くのお母さんは、学校の先生に対して無意味に権威を感じていると思う。**それが原因で、不必要に学校から注意されることを恐れている。しかし話を聞けば聞くほど、「先生の質が低下していないか？」という懸念が湧き起こる。何事においても四角四面で、臨機応変に対応できない先生が増えてきているように思うのだ。

## 下村元大臣夫人から受けた「子育ての極意」

うちの顧問から、「ノリちゃん、下村元大臣のご夫人を紹介するよ」といわれた。下村博文元大臣といえば、発達障害キッズの教育にと、フリースクールの認可に力を入れておられた元文部科学大臣だ。実際に奥様と話をさせていただくと、とても気さくでまっすぐな明るさをおもちの方だった。

下村ご夫婦の息子さんは、発達障害であるディスレクシアで、学校では苦労をなさったとのこと。ディスレクシアとは、「LD＝Learning《ラーニング》 Disability《ディスアビリティ》」ともいい、通常の学習能力があるにもかかわらず、読み書きだけが著しく困難、という学習障害である。

「日本の教育では息子は支援学級に入れられて、本来の勉強ができなくなる」と判断した下村夫人は、息子を発達障害の教育に力を入れているイギリスの学校に留学させた。その学校では文字ではなく、聴覚・視覚を使った教育方法を受けたという。そして視覚能力を優先させて美大に入学。現在は日本の広告代理店でクリエイティブを担当しているそうだ。

「もし息子を日本の学校に通わせていたら、今のような仕事をできるチャンスもなかったと思うわ。だから日本の発達障害の教育事情にテコ入れをしたいと思って、夫は動いていたの」

下村夫人はそういうと、イギリスの学校で経験した有益な方針を教えてくれた。

「ただ勉強を教えても無駄なの。その前に、子どもが自尊心と自信をもつことが大切。だからイギリスの学校では、男子は身体を鍛えるよう教えていたの。体力に自信がつくと、勉強面でもチャレンジ精神がもてるから」

そこで私は、聞いてみた。

**「発達障害の子育てで、いちばん大切なことってなんですか？」**

**「お母さんの子離れよ。そして子どもは早く自立して、社会に立ち向かう勇気をもつことが大切！」**

これは普段からアイムでも実践していることだったので、下村夫人のその言葉が聞けてうれしかった。アイムでは常々、保護者に「干渉しすぎないように」と話している。そして何よりも、子どもたちのたくましい感性が大切だ。強い心さえ育むことができれば、各々の人生の荒波に立ち向かっていくことができる。

最後に下村夫人から、激励のお言葉をいただいた。

「日本の学校は何かと縛られているから、ぜひ発達障害の子どもたちの能力を活かせるフリースクールをつくってください！　教育も福祉も、外の世界からの新しい視点が必要よ」

それは、私がちょうど「放課後デイの次は、フリースクールをやろう」と決めた直後のことだった。私は「たとえ小さくてもいいから、フリースクールを用意しよう」と、さらに意志を固めた。

## アイムの5年計画

アイムの事業戦略の軸は、がっちゃんである。がっちゃんの年齢に沿って事業を垂直型に拡大していくのが作戦だ。今は放課後デイだが、がっちゃんの中学校卒業に合わせて自閉症キッズ向けのフリースクール、そのあとは就労支援を計画している。

というわけでうちとしては、放課後デイを何十件も同時にフランチャイズで増やすなど、「売り上げだけ上がればいい」とはハナっから考えていない。どんなに売り上げを拡大したところで、がっちゃんの人生に寄与しなければ意味がない。

よって、アイムの事業判断はとてもシンプルで、がっちゃんの人生に寄与するかしないかで決めている。がっちゃんの人生がかかっているので、その中には失敗するという選択肢がない。やると決めたらやるしかないのである。

アイムでは現在、グループホームや移動支援などの必要なサービスも視野に入れて動いているところだ。放課後デイから職場までのレールを敷くのがアイムの目標である。

なと思っている。

最終的には、自閉症キッズの、老後までの生涯のケアができるインフラを用意できたら

さらにいうと、発達障害の児童のために特化したクリニックが必要だと思っている。うちの子もそうだったのだが、障害者手帳をとる際に何かと不便さを感じた。待ち時間がとても長い上に、日本のクリニックが出してくる診断書と行政のアセスメント（精査）にも物足りなさを感じた。

子どもの自閉症の状態を詳細にアセスメントできなければ、そのあとの療育プログラムや支援学級にどのような効果を求めたらいいのかさえわからないだろう。日本の発達障害児の親は、わが子の状態もわからないまま、不安だけが増大していく環境になる。

私は、「アイムを大きくしたい」とは思っていない。なんだかんだいっても、国の助成金の援助によって成り立っている施設だ。上場しようとか、転売して儲《もう》けようとかいう計画は最初からない。ただ発達障害の子どもたちにとって、どういう環境が理想的であるか、そしてどうすれば実現できるのかを日々考えている。

どんなにキレイ事をいったところで、しょせん金がなければ何もできない。ビジョン

があるのに、お金がないから実現できない、では悲しいだろう。だからアイムは必要な時に必要な手を打てるだけのキャッシュフローがほしいと思っている。**福祉サービスと企業利益は相反するものではなく、両方とも必要かつ大切な二つの車輪である。**

最終的にがっちゃんのニーズを満たすことができれば、結果的にがっちゃんと同じ境遇にある子どもと家族にも恩恵をもたらすことができる。息子への親心が最終的に社会貢献にもつながるのであれば、それはなんと費用対効果のよい事業であろう。

# ある日のがっちゃん

## その5
## モーレツがっちゃんの巻

第６章

# 子育ての本質は“楽しむ”こと

## 親子関係の負の作用は連鎖しやすい

放課後デイは、他人の家庭の裏を垣間見る仕事でもある。家庭状況は当然、教室での子どもの状態に影響を与える。例えば子どもが情緒不安定だったり、過度に攻撃的だったりする時、その子の家庭環境の歪《ゆが》みが影響している場合が多い。

家でお父さんが暴力をふるうとか、お母さんが感情的になって突然怒り出すようであれば、子どもは精神的に休まることがない。そんな環境下で、親がいくら子どもに薬を飲ませたところで、感情や行動を安定させることはできない。だから根本的なアドバイスを与えるためには、家庭事情にも踏み込まないといけない時がある。

これは子どもだけでなく、親にもあてはまる。例えば親自身が学校や施設に対して不必要に攻撃的な場合も、当人が家庭問題を消化できていない場合が多い。稀《まれ》にだが、教室に対してものすごい勢いでクレームを入れてくる保護者がいる。色々と非難の言葉を浴びせられるのだが、個人的にその人が嫌だと思ったことはない。

なぜならその保護者の怒りは、私に向けた個人的なものではないとわかるからだ。実は本人も気づいていないのだが、**男女問わず、すぐに感情的に怒る人は、水面下で切羽《せっぱ》詰まっている場合が多い。**感情の箱が常に一杯いっぱいな状態なので、キレる臨界点が低いのである。

一般的な傾向として、対人関係でトラブルを起こしやすい人は、自身の親との関係において、幼少時代からしこりがある場合が多い。対人関係の基礎は親子関係から始まるため、そこで消化されていない感情は、形を変えて表層化する。歪んだプライドや低い自己肯定感は、子ども時代の「親からの承認欲求不足」に起因している場合が多い。

もう一つよくあるパターンが「姑《しゅうと》問題」。クレーマー化するお母さんには、姑問題が裏にある可能性が高いと思っている。世の中には、「孫が発達障害なのは、アンタのしつけのせいだ」と非難する心ない姑もいる。姑問題の時、夫は姑側につきがちで、妻としては行き場がなくなってしまう。

その結果、お母さんのすべての関心は子どもだけに注がれることになる。そうすると子どもは母親に依存し、お母さんも子離れできない状態になる。するといつの間にかお母さんは、姑以上に子どものことに干渉することになる。

　私はこれを「姑スパイラル」と呼んでいるのだが、親子間の負の作用は連鎖しやすい。このような背景を考慮に入れると、クレームをつけてくる保護者を個人的に責める気にもなれない。むしろ、助けを求めているシグナルでもあるわけだ。

　人の心というのは計りしれなくて、必ずしもこちらに向けられた怒りが、自分に起因しているとは限らない。本人も一杯いっぱいで、知らずにはけ口を求めている場合がある。だからスタッフには、「保護者からのクレームを個人的な感情で受けとらないように」と話している。

　ただし「理不尽な要求は呑《の》まない」というのもアイムのポリシーである。それは当人のためにもよくないからだ。アイムでは必要に応じて、信頼度の高い心理カウンセラーによるカウンセリングも、保護者に提供している。

## お父さんたちの存在は大切

とても大切なことだと思うので、ここでしっかりと書いておきたい。

教室に親子が面談にやってくる時、夫婦揃《そろ》ってこられるのは1割以下である。昼間お父さんは仕事だから仕方がないとしても、一つ気になるのは、お母さん方と話していて、お父さんの存在（影響）が見えない家庭が多いこと。

**日本は表では一見、女性が男性を立てているように見え、裏では「かかあ天下」である。**子どもの教育方針を含む家庭の実権もお財布も、お母さんが握っている場合が多い。それに乗じて大切な決断をお母さんに丸投げして、仕事に逃げ込むお父さんも少なくない（逃げているというよりは、仕事でパッツンパッツン状態なのではあろうが）。

いずれにせよ、父親がよりかかわってくれないと、母親のストレスは2倍になる。日々の小さいことまで介入する必要はないと思うが、重要なことには決断を下し、時々妻の頭の中を整理してあげてほしいと思う。とはいえ私も、主婦のとりとめのない日常会話が苦手なので偉そうにいえないのだが……。

私が思うに、女性の頭の中はどこか「綿あめ製造機」のようなところがあるのではないか。放っておくと悩み（綿あめ）がどんどん膨れ上がってくる。お母さんの悩みも綿あめも、つぶしてみれば中身は些細《ささい》なものが多い。だから母親の感情的な悩みを、父親が理論的に整理する必要があると思う。

そこで、お母さん方に一つアドバイスをしたい。時々お母さんが「うちの夫がわかってくれないんです」といってくる。でも私が聞いてみると、お父さんの意見は結構合理的で、的を射ている。お母さんは納得できず、悶々《もんもん》としているが、「もう少し素直にお父さんの意見を聞いてあげてほしい」と私は思っている。そうしないとお父さんはやがて、「どうせオレの意見は聞かないだろ」と、関与してくれなくなるからだ。

逆パターンで、お父さんが療育にはまりすぎるのも控えていただきたい。子どもの自閉症は、ロジックやメソッドで治るものではない。お父さんが切羽詰まると、お母さんより始末に負えない。子育ては10年、20年、30年の話である。夫婦揃って最初から熱を入れすぎると、燃え尽きることになる。

幸いアイムに協力的な家族の多くは夫婦仲がよく、お父さんたちがＢＢＱ大会などで活躍してくれる。パソコンを修理してくれたり、使わなくなった備品を寄付してくれたりする。子どもたちのために、たこ焼きをつくりにきてくれたお父さんもいた。

お父さんたちがもっと活躍してくれれば、私の仕事も減るというものである。「お父さん協力ディスカウント」を用意したいと、最近は本気で思っているくらいだ。

## 親同士の交流が大切

自閉症の子育てにおいて、親がもっとも不安視するのは、「先の見通しがつかない」ということである。子どもが小さい時に自閉症と診断されても、将来の姿が全く予想できない。

わが家もそうであったが、まずたいていの親が、子どもが小さい時点で自閉症が何を意味するか、よくわかっていない。それが10年後、20年後の話といったらなおさらである。私だって正直なところ、うちの子や教室の子どもたちが20年後にどのような大人になっているか、想像がつかない。

とくに就学前の親はたいてい、子どもと療育センターに通っているが、同じ年頃の子どもの親としか接点がない。みんな揃って同じ年頃なので、当然お互い子どもの将来の姿が想像できない。そのため同じ年代の親同士で不安を交換し合って、不安だけが増幅してしまう傾向にある。

例えば、多くの自閉症キッズは多動症で超ハイパーに活発だ。席に座らずに走りまわり、放っておけばトランポリンで1時間以上でも平気で跳んでいる。だから親は、子どもがひょっとしてずっとこのままで、身体が大きくなったら手に負えないかもと不安になる。

しかし心配しなくてもアイムの子どもたちを見ていると、ほとんどの自閉症の多動的な行動は、中学生までにはかなり落ち着く。そのうち机に向かってパソコンばかりやって、「放っておいてくれ」となる。逆に親は自分の子どもが身体を動かしてくれないと困る、と心配するくらいだ。

**いちばん有効なのは、発達障害をもつ未就学児の親御さんは、同じ発達障害をもつ中学生の親から話を聞くことである。**そうすれば、中学生になったら自閉症のわが子がどのようになっているかもわかる。すでに育児の道を通ってきたお母さんたちは、色々なアドバイスをくれる。だからお母さんが一人で悩まなくても、すでに色々と試してきた先輩のお母さんから話を聞けばいい。

そんなわけで、アイムでは年代の違った保護者同士が交流できるように配慮している。月に1度は講演会やらアロマ教室やら、保護者が集まる企画を立てている。そしてプログラムのあとはみんなで一緒にランチにいく。すると自然に情報交換の場にもなるわけだ。付け加えておくが子ども同伴は禁止。お母さんたちに子離れしてもらうために、子どもたちは全員教室に預けて、ランチにいく。

同時にアイムでは、「保護者の会」みたいなものはつくらないようにしているし、アイムがなんらかの会に参加するのも断っている。グループをつくると、必ず派閥や村八分が起こる。それに組織というものは、時間とともに必ず濃くなっていく。するとメンバー全員に同じような貢献を求める人が出てきて、温度差による摩擦が生じる。

ちなみにアイムのイベントで保護者が集まると、誰も子どもについての悩み話をしていない。みんな子どもそっちのけで、爆笑トークで盛り上がっている。ゲラゲラ笑っている保護者を見ながら、「これこそが健全な姿だ」と思うのである。

# 主婦の悩みには期限がない

教室を訪れるお母さんたちの悩み相談を聞いていて、最初に気づいたことがある。

（主婦の悩みって期限がないんだ）

これは、ビジネスではありえないことである。通常ビジネスの世界には、必ず「納期」というものがあるからだ。作家であれば、締め切りというものがある。でも「子育て」という世界には、納期も締め切りもない。そのためか、悩みを解決・解消するという意識が希薄である。

そんなわけで私から、お母さん方の悩みを少しでも減らすための提案がある。

## 主婦の悩みに対するアドバイス

**①悩みに期限をつける**
**②何を悩むかを具体的に決める**
**③雰囲気だけで動かない**

最初に、「自分はこの悩みをいつまでに解決するのか」と期限を決めてしまう。決断の意志が弱い方は、カレンダーに丸をしておいてはいかがだろうか？　同じ問題に関して3年悩もうが、1週間悩もうが、結果はあまり変わらないはずである。

そして、「何を悩むのか」を決めた方がいい。お母さんたちの悩みはとても抽象的だ。何に関して悩んでいるかすら、わからない状態である。「何を悩んでいいのかわからないから悩んでいる」という、悩みの二重構造になっている。あまりにも抽象的に悩むため、解決の糸口すら見つけることができない。

例えばよくありがちなのが、「うちの子どもを施設Aに入れるべきか、施設Bに入れるべきか迷っています」という場合。私が「施設Aと施設Bの違いはなんですか？」と聞くと、「さあ、なんでしょうね」と返ってくる。ここで私の目は点になる。二つの比較対象の詳細を調べていないのである。これではパソコンのカタログのスペック（仕様）を見ずに、どっちの機種にするか迷うようなものである。

だから何かについて悩むにあたって、具体的に悩みたい内容を紙にリストアップしていった方がいい。そうすれば、一つずつ具体的に取り組むことができる。

お母さんたちの悩みが抽象的である証拠に、物事の決定基準が非常に曖昧《あいまい》な「いいらしい」というのがある。あの学校や施設が「いいらしい」といっている時、そこには「何がいいのか」の基準がない。ただ仲良しのママ友や身近な先生が、「いいらしい」といったからである。

これの問題は、自分の中に主体性と決定のための明確な指標がないことである。そのために、漠然とした不満や要求をもってしまう。やたらと要求の多い保護者に限って、本人が何を求めているのかよくわかっていない場合がおおいにある。

こんな感じで多くのお母さんたちは、雰囲気で、集合体で動こうとする。しかしそこに軸がないため、世論や世間体が変わると翻弄《ほんろう》されてしまう。だから何事も「雰囲気で動かない」ことが、悩みを解決する最初のステップである。

しかしまわりの女性スタッフや子どものお母さんたちからは、こういわれてしまう。

「女性は悩む生き物なの。だから論理的に返さなくていいの！」

はい、ごもっともです。お母さんたちの対応に悩んでいた私が悪かったです！

## 「でも、でも」が大好きなお母さんたち

放課後デイを始めてから、お母さんたちのことがよりわかるようになったが、同時により理解できなくなった。それまでは、仕事でビジネスの商談をすることしかなかったので、「主婦と日常会話をする」というシーンはほぼ皆無であった。

この仕事を始めてたくさんのお母さんたちと面談するようになって気づいたのは、前述の「主婦の悩みって尽きないな」である。前々から、女性は問題を解決してほしいのでなく、聞いてほしいだけ、とはいわれてきた。

しかし私が思うに、「主婦の趣味はむしろ悩むことかな?」と思える節がある。悩みをもっていること自体に、自身の存在意義を感じてしまうようなのである。あるお母さ

んから、「最近悩みのないのが悩み」と聞かされた時には「やっぱり趣味だよね」と思ってしまった。

お母さんたちからの悩み相談を聞いていて、私は毎回なんらかのアドバイスをさし上げている。しかし頻繁《ひんぱん》に、「でも、でも」という言葉が返ってくる。だからいつも「**お母さん、もしかしてデモデモ大魔王ですか？**」と返している。ここまでくると、「もしかして悩みを解決されたら本当は困るんじゃないかな？」というぐらいに抵抗してくる。

あまりにも「でも、でも」が多いので、アイムのオリジナルグッズで「でもブロック」をつくれないかなと考えている。大きなブロックに「でも」と書いてあり、お母さんが「でも」というたびにそのブロックを積み上げてあげる。そして帰る際に「今日もたくさん積み上がりましたね！」とプレゼントしたいと思っている。自分の「でも」の多さを実感してくれると思うのだが、どうだろう。

実際問題、お母さんたちは悩みを探し出すのが天才的にうまい。もし石油が「不安」になり変わったら、みんなロックフェラー財団になれるだろう。「まだ足りないわ、もっと悩むネタはあるはずよ！」と掘り続けるに違いない。

昔フィリピンのイメルダ夫人が、靴を3000足もっていて欲張りだと批判されたことがあった。物欲はわかりやすい欲だと思う。でも私は、悩み続けるのも一種の欲張りだと思っている。見えない、陰の欲望である。たとえ悩みを1000個所有していても、満足することなく、さらに悩みコレクションを増やし続けるであろう。

中には毎回同じような相談内容を繰り返しもってくるお母さんがいる。これは聞いてほしいのか、たんに独り言をいいたいのか、わかりにくいところである。だから私はいつも「話したいだけだったら、ダイヤルQ2《キューツー》（ツーショットダイヤル。もうなくなっちゃったけど）に電話してください」といっている。

時々聞いているだけで面倒になるので、お母さん方に聞いてみる。

「すみません、お父さんはそれに関して、なんといっておられますか？」

「うちの夫は面倒くさがって聞いてくれません」

「ですよね、私も聞いていて面倒ですもん」

「えー、佐藤さんひどーい！」

とかいいながら、それでも会話は続く。で、私は腕を組みながら目を閉じて思うわけだ。

「なんでよその夫が聞きたくない話を、オレが聞かないといけないのだ？　なんて因果な仕事だ……」

だから会話の長いお母さんたちには、こうお願いしている。

「すみません、お母さんも受給者証をとってきてもらえませんかね？　そうすればうちも報酬加算（事業所の売り上げ）がとれるので」

## 「お母さんがキレイであること」がいちばんの療育！

ある学校の支援学級の懇談会に顔を出した時のこと。私は愕然《がくぜん》とした。7割ぐらいのお母さん方が、ボロボロだったから。肌はカサカサのスッピンで、髪はパサパサのオーラゼロ。おまけにぽっちゃりで猫背で、声が小さい。

平日の昼の時間帯なので、参加者はお母さんばかり。多分、いつも小ギレイにしているワーキングマザーは仕事の都合で参加していないのだろう。それを差し引いたとしても、7割という高い比率のお母さん方の姿がひどい。私はこの時の風景に強いショックを受けた。マーケティングの仕事をしている時は、そういうオーラの主婦の人たちに出会う機会がなかったからだ。

一連の感想を心理カウンセラーの女性に話したら、こういわれた。

「佐藤さん、わが子の障害を受け入れられないお母さんは二つのパターンに分かれるの。ぽっちゃりと痩《や》せすぎのどっちかよ」

「え、なんでその二つになるの？」

「太っているタイプは、女であることを捨てている状態なの。というか、女でいることを諦《あきら》めているのね。子どもに障害があるのに、自分だけ人生を楽しんでいてはいけないんだ、って」

「痩せすぎているタイプは？」

「子どもの障害は、自分のせいだと思っているタイプ。自分を責め続けているから痩せ細ってしまうの」

日本人の親には、わが子が障害をもっているという理由だけで、「自分は人生を謳歌《おうか》してはいけない」という思い込みがあるのだろうか。そのせいか、自分の身だしなみに手をかけるだけの心のゆとりさえ失ってしまう。でも私はあえて、障害のある子どもをもつお母さん方にいいたい。

**「子どもの障害は、親のせいではない」**

それぞれの人にはそれぞれの生まれもった宿命と人生があるのだと思う。障害は、その子どもが生まれもった「魂の課題」ともいえる。もしそうなのであれば、その子どもが自分の人生の使命をまっとうできるようにサポートするのが、親の役割だ。あとは親自身が自分の人生を楽しむのが、親の仕事だ。

親が子どもの障害をずっと嘆き続けるのは、子どもに重荷を与えるだけの効果しかない。さらに**子どもからすれば、自分の障害のせいでお母さんがブスになってしまうのも、決してうれしくはないはず。子どもは誰だって、キレイなお母さんが好きに決まっている。**

療育に熱心なお母さんに限って、眉間《みけん》にシワがよっている。しかしいちばんの療育とは母親自身がキレイに輝いていることではないだろうか。お母さんが自分らしく、自分の人生を謳歌していれば、傍《かたわ》らの子どももその姿を見ていて楽しくなる。次は私の女友だちのセリフだが、的を射ていると思った。

「明るい家庭をつくるには、お母さんがオシャレにしていること。それが費用対効果がいちばんいいの。メイクや美容、ファッションに少しお金をかけるだけでお母さんがキレイになれば、夫も子どももハッピーになれるものなのよ」

## 友だちがたくさんやってくる

私が放課後デイを始めた時は、まわりの人が関心をもってくれるとは想像もしていなかった。正直なところ「さあ、やるぞ！」ではなく、「やらなくちゃいけないかー」で始まった。福祉も教育分野も自分とは正反対の業界だと思っていたからだ。

私はこれまで自分が仕事をしてきた業界から、かなり遠く離れた僻地《へきち》で一人、暮らしているような気分になった。一人で淡々と書類申請の準備を始めて、物件を手配して、一人で黙々と教室のインテリアを用意していった。

教室の準備が落ち着いた頃に友だちと飲みにいった。するとみんなが聞いてきた。

「今、何やっているの？」

「自閉症の学童保育だよ」

「面白そう！　遊びにいかせて！」

「え、そうなの？　みんな興味あるの？」

これが私の正直なリアクションであった。友だちはみんな、自閉症の当事者ではないのに、まさかそんなに反応するとは。でもこれはちょうどいいと思い、友だちに会うごとに「遊びにおいでよ」と声をかけている。

おかげでアイムには、いろんな顔ぶれの友だちがたくさん遊びにきてくれる。どんなメンツかというとこんな感じだ。元キックボクサーの世界チャンピオンだった新田明臣《あけおみ》さん、電撃ネットワークの南部虎弾《とらた》さん、ギネスで縄跳びの世界一の記録五冠王である生山《いくやま》ヒジキくん。他にもティーンズ部門で世界一のマジシャンの称号をとった原大樹《ひろき》さん。

それから、アイムの子どもたちに大人気のマジシャン、アレスさん。そして歌手の松田陽子さんとか、ファンキーなイラストレーターの石山奈津美ちゃんとか、多彩なゲストが遊びにきてくれる。

がっちゃんの子育てで一つやっておいてよかったと思うことがある。それはがっちゃんが小さい時から、ずっと一緒に遊びに連れまわしていたこと。私はあえて、がっちゃんを同じ年頃の子どもと公園で遊ばせてあげようとは思わなかった。私自身、それには関心がなかったからだ。それで私は自分の友だちと遊ぶ時に、いつもがっちゃんを連れまわしていた。

小さい子どもはとくに、同じ年齢の子どもよりも、大人が好きだ。がっちゃんも、いつもいろんな大人の友だちから適度にかまってもらって楽しそうであった。がっちゃんは面食いなので、キレイなお姉さんにしか反応しない。幸いがっちゃんはモテモテで、彼を小さい時からかわいがってくれているお姉さんたちが、今も教室にたくさん遊びにきてくれる。

自閉症は変化を嫌うので、新しい場所や新しい人が苦手だといわれている。しかしがっちゃんの場合、私に連れまわされることによりある程度免疫をつけていったと思う。

だから私はアイムの子どもたちにも、色々な大人たちと接してもらいたいと思っている。教室にやってくる個性的なゲストたちを肌で感じて、社会との接点をもってもらう。そしてゲストたちには、自閉症の子どもたちを一人でも多く知ってもらいたい。私は一人でも多くのゲストを教室に呼んで、自閉症に対する味方を増やしたいと思っている。そうすれば将来、彼らがどこかで自閉症キッズと接点をもった時に、よき理解者になってくれると思うからだ。

日々の活動を通じて、身近な隣の人から一人ずつ変えていけば、いずれコミュニティ全体が変わっていく。そう、世界平和を唱えるよりも、隣の人とケンカしないこと。

**「世界中の自閉症」よりも、「隣の自閉症」だ。**

# あとがき　～発達障害キッズの幸せな未来のために

福祉業界に入って、感じたことがある。もちろん例外はあるが、福祉業界で働いている人たちの多くは、「自分たちは、資本主義の競争社会とは無縁な世界に生きている」と思っているようだ。

そのため、普通の企業なら当たり前にやっていることをやっていない。つまり、自分たちの商品のブランディングやマーケティング活動を徹底的に追求していない。さらに致命的なのは、ビジネス感覚のない人たちが多いので、「利益を上げよう」という発想が乏《とぼ》しい。

しかし、福祉施設も、資本主義であるＰＬ（売上－コスト＝利益）の仕組みの中で運営されている。利益を上げることができなければ、障害者の役に立つ事業を継続するのは難しくなるだろう。赤字ではサービスの提供も継続できないし、想いや情熱だけではサービス事業は回らないのである。

どういうわけか、福祉業界の現場の人たちは、「株式として利益を追求することは悪」と思っている風潮すらある。そして福祉業界は、利益よりも根性論を優先させる。私にいわせると、利幅がないも同然の、ボールペンを組み立てるような内職作業をやっていること自体、障害者を下に見る「福祉観」を感じてしまう。この非効率な活動に疑問をもつ人が少ないのは、なぜなのだろう。

これからの福祉に必要なのは、「ビジネス的な経営センス」と、「利用者のための幸せ」という、二つのバランス感覚である。この二つは必ずしも対立するものではない。少なくとも就労支援においては、売れる商品を生産して利益を生み出すことができれば、利用者の満足度を向上させることが容易になる。

というわけで私は今後、アイムとしてどのように就労支援と関わっていけばよいかについて、日々考えている。

一ついえるのは、今の就労支援は従来の障害者を軸につくられている。そのため、がっちゃんのようなタイプの自閉症キッズを、これまでのような枠の中に押し込めることはできない。

では自閉症キッズに合う就労支援とは何か？

自閉症は幅広い現象を含んでおり、個々によって全くタイプが異なる。よって彼らを集めて一括管理することはほぼ無理である。このような悪条件で利益を生み出すのがいかに困難なことかは想像にかたくない。

「自閉症と就労支援」というテーマは、私のこれまでのキャリアにおいて、もっとも難解なパズルである。自閉症を経済性に結びつけている事例は、世界的にも少ない。よって、この難題に対する答えを見つけることができれば、それはフロンティアとなるだろう。

障害者だって、華のある職場で働いていいではないか。私は親として、また福祉業界に身をおく者として、「自閉症にとって充実した労働環境とは何か」を、放課後デイという名の「川崎のＮＡＳＡ」で宇宙人キッズと対面しながら、これからも模索していくつもりだ。

最後に、本書の出版にご尽力いただいた、フリー編集の井尾淳子さん、小学館の木村順治さん、ドイツから素敵なイラストを描いてくださった高橋ユウさん、カメラマンの五十嵐美弥さん、デザイナーの木下容美子さん、本当にありがとうございました。

そして、アイムのスタッフ、子どもたち、保護者と顧問の皆様、応援してくれた家族、ご協力いただいたすべての方々に心よりお礼申し上げます。

すべての個性にハッピーを！

2016年10月　　佐藤典雅

佐藤典雅

（さとう・のりまさ）


1971年広島県生まれ。当時４歳だった自閉症の息子のため、家族でアメリカ・ロスアンゼルスに転居。９年間の療育体験を経て帰国し、発達障害の子どもをサポートする『株式会社アイム』を設立し、放課後等デイサービスの運営を開始。2015年、第４回かながわ福祉サービス大賞、特別賞受賞。前職は、ヤフー・ジャパンのマーケティング、東京ガールズコレクションとアパレルブランドのキットソンなどを仕掛けた天才プロデューサーとして活躍。アイムについては「アインシュタイン放課後」で検索。大人気の著者ブログは「自閉症がっちゃん」で検索を。

http://imhappy.jp/index.htm

# 療育なんかいらない！

発達障害キッズの子育ては、
周りがあわせたほうがうまくいく


2016年10月25日　初版第１刷発行
2021年６月15日　　　第２刷発行

著者　佐藤典雅
発行人　小澤洋美
発行所　株式会社　小学館
〒101-8001　東京都千代田区一ツ橋2-3-1
電話　編集 03-3230-5446
販売 03-5281-3555
印刷所　萩原印刷株式会社
製本所　株式会社　若林製本工場

ブックデザイン　木下容美子
イラスト　高橋ユウ
写真　五十嵐美弥
構成　井尾淳子
編集　木村順治




ISBN978-4-09-310853-9